Sapori d'Italia

Giorgio Massei
Rosella Bellagamba

Lingua e
civiltà italiane
attraverso
la gastronomia

Sapori d'Italia
Lingua e civiltà italiane attraverso la gastronomia

Autori: Giorgio Massei, Rosella Bellagamba
Coordinamento editoriale: Paola Accattoli
Redazione: Paola Accattoli
Direttore artistico: Marco Mercatali
Progetto grafico e impaginazione: Federico Borsella
Direttore di produzione: Francesco Capitano
Illustrazioni: Marcello Carriero (pagine 11, 16, 21, 24, 27, 45, 52, 60, 64, 68, 69)
Ricerca iconografica: Giorgia D'Angelo
Fotografie: Marka pag. 62 (ristorante), pag. 38 (mercato), Olycom pag. 64
(Film "Pane, amore e fantasia"), pag. 67 (Gualtiero Marchesi).
Copertina: Curvilinee. Elaborazione grafica del dipinto *Fanciullo con canestro di frutta*, di
Michelangelo Merisi da Caravaggio (1593-1594), Galleria Borghese, Roma.

L'editore resta a disposizione degli aventi diritto per qualsiasi involontaria omissione o
inesattezza nella citazione delle fonti di brani o immagini riprodotti in questo volume.

Ringraziamenti
Gli autori e la casa editrice ringraziano Gualtiero Marchesi (Scuola Internazionale
di Cucina ALMA) per la preziosa collaborazione e l'A.D. Alessandra Coderoni e tutti
gli insegnanti della scuola Edulingua – Laboratorio di Lingua e Cultura Italiana
di San Severino per lo scambio di idee nella fase di progettazione e sperimentazione
di questo volume.
Un grazie particolare a Gigliola Capodaglio, per la preziosa consulenza e collaborazione.

© 2016 ELI srl
C.P. 6 – 62019 Recanati
Italia
Tel. +39 071 750701
Fax +39 071 977851
info@elionline.com
www.elionline.com

Stampa: Tecnostampa - Pigini Group Printing Division – Loreto – Trevi (Italia)
16.83.038.1

ISBN 978-88-536-2117-7

Tutti i diritti riservati. È assolutamente vietata la riproduzione totale o parziale di questa
pubblicazione, così come la sua trasmissione sotto qualsiasi forma e con qualunque mezzo,
anche attraverso fotocopie, senza l'autorizzazione della casa editrice ELI.

La presente pubblicazione è stata realizzata in collaborazione
con un gruppo di studio e di sperimentazione appartenente a:

Visita il sito del Campus l'Infinito e scopri i vantaggi per te!
www.scuoladantealighieri.org/ita/index.htm

Prefazione

Parla come mangi...

Ai tempi del liceo, studiando la letteratura italiana, il latino, il greco, la filosofia, la storia dell'arte, ero affascinato dalla scoperta di parole inusitate di cui man mano si arricchiva il mio vocabolario e dalla etimologia che rivelava il legame tra storia e linguaggio. Ma, ogni qual volta, nella comunicazione quotidiana, mi azzardavo ad utilizzare lemmi colti che risultavano dissonanti dalla musica da basso tuba del dialetto locale o da quella appena più morbida dell'italiano regionale, mia nonna mi ammoniva con un perentorio invito: "Parla come mangi...". Ovviamente mia nonna non aveva letto le opere del filosofo Feuerbach che aveva sostenuto che "l'uomo è ciò che mangia", ma la sua saggezza di popolana le aveva fatto intuire quanto stretto e nello stesso tempo complesso fosse il rapporto tra lingua e gastronomia.

In effetti, la connessione tra cultura e cibo è insita nella comune radice etimologica che unisce *sapere* e *sapore*. C'è dunque una sorta di equivalenza tra l'essere sapiente e l'avere sapore, tra la conoscenza e il gusto di una pietanza. Se nella nostra minestra manca il sale non esclamiamo forse "non sa di niente", instaurando, anche inconsapevolmente, una connessione tra cultura e gastronomia? I due ambiti sono entrambi costituiti dall'accumulo e dall'utilizzo di *ingredienti*, cioè da elementi che letteralmente "portano avanti" il pensiero e il cibo.

Ma dietro la gastronomia e il suo lessico c'è la storia di un intero Paese come l'Italia la cui identità politica e la cui configurazione sociale sono state condizionate da un lungo percorso della storia delle autonomie, dal periodo comunale, ai regni, fino alla suddivisione per regioni. La conseguenza è che la gastronomia italiana è fortemente regionalizzata, come lo è d'altro canto il vocabolario enologico, disseminata in molteplici specialità del territorio che anche nel lessico mantengono il legame con la geografia di appartenenza. Ne consegue che la lettura di un menù al ristorante è molto più complessa di quanto non si creda. Gli *sfinferli* trentini sono i funghi di altre regioni, la *lonza* marchigiana diventa nel Sud *coppa*, a sua volta la *coppa* dell'Italia centrale, se va in Toscana o nel Sud, cambia nome ed è conosciuta come *soppressata*. Dunque anche nella gastronomia l'Italia presenta il suo carattere di "*concordia discors*" che è anche una marca semiotica della genialità e dell'estro culinario del nostro popolo. Il piacere della tavola implica inoltre, accanto alla percezione olfattiva, quella visiva, più specificamente cromatica. Il colore, nella composizione delle pietanze e nella presentazione dei piatti, svolge un ruolo fondamentale nella predisposizione al gusto da parte del commensale che nella sua gestualità (utilizzo delle posate, collocazione delle stesse sul piatto, scelta dei bicchieri) non fa altro che attenersi (o meno...) ad un linguaggio non verbale codificato dal rituale del galateo.

Se mi è permesso un riferimento alla mia professione, la stessa letteratura italiana è intrisa di cultura gastronomica, anche se questa sembra restare in sottofondo nella ricezione del messaggio letterario. Un po' a caso, penso al dantesco "pane altrui" che sa di sale, al vino di Boccaccio, alle polpette di Renzo, ai pasticci del *Gattopardo*, ai pranzi rituali del *Giardino dei Finzi-Contini*, alle allucinazioni gastronomiche di Tabucchi, al *Corporale* di Volponi, alle pietanze di Calvino. E torna alla memoria il romanzo di Maria Orsini Natale *Francesca e Nunziata*, la cui trama si sviluppa lungo il succedersi generazionale di una famiglia che produce pasta nei luoghi deputati del napoletano.

Sono questi i pensieri suscitati dalla lettura del bel volume di Giorgio Massei e Rosella Bellagamba. Auguro a tutti i lettori che lo utilizzeranno di poter trasformare i soavi sapori d'Italia in gustosi saperi, attraverso la conoscenza di una lingua come quella italiana che è espressione di una grande civiltà.

Alfredo Luzi
Ordinario di Letteratura Italiana Contemporanea
Università di Macerata

Sommario

Percorso

1 L'Italia a tavola
Pagina **6**

Cultura	Argomenti linguistici	Argomenti interculturali	Ricette	Il prodotto tipico
- Un'Italia... tanti cibi. - Le abitudini alimentari degli italiani.	- Lessico della tavola. - Espressioni idiomatiche con i cibi, i pasti e le posate. - Uso di "buono" e "bene".	Piatti tipici e varietà gastronomiche nei vari Paesi.		

2 Aperitivo a Venezia
Pagina **14**

Cultura	Argomenti linguistici	Argomenti interculturali	Ricette	Il prodotto tipico
- Il rito dell'aperitivo. - Il piacere dell'antipasto.	- Pronome locativo "ci". - Verbi della cucina. - Espressioni idiomatiche con la parola "acqua".	Tradizioni di altri Paesi paragonabili all'aperitivo e all'antipasto.	- Lo Spritz. - I crostini al gorgonzola con pere e noci.	Lo spumante.

3 Italia... al dente!
Pagina **22**

Cultura	Argomenti linguistici	Argomenti interculturali	Ricette	Il prodotto tipico
- La pasta. - Il primo piatto.	- Uso del passato prossimo e dell'imperfetto. - Utensili della cucina. - Espressioni idiomatiche con la parola "uovo".	Il piatto nazionale del proprio Paese.	Gli spaghetti alla carbonara.	L'olio d'oliva.

4 Non solo pasta
Pagina **30**

Cultura	Argomenti linguistici	Argomenti interculturali	Ricette	Il prodotto tipico
Il secondo piatto.	- Lessico delle quantità e dei contenitori. - "Ne" partitivo. - Lessico della carne e relative espressioni idiomatiche. - Espressioni idiomatiche con le parole "polpetta" e "polpettone".	Abitudini nel consumo di carne e pesce.	Le polpette al sugo.	Il tartufo.

5 Contorni d'Italia
Pagina **38**

Cultura	Argomenti linguistici	Argomenti interculturali	Ricette	Il prodotto tipico
I contorni.	- Verbi che esprimono necessità. - Comparativo di maggioranza e minoranza. - Espressioni idiomatiche con frutta e verdura.	Piramide alimentare e consumo di verdure.	La caponata.	L'aceto balsamico tradizionale di Modena.

Percorso

6 La dolce vita
Pagina **46**

Cultura	Argomenti linguistici	Argomenti interculturali	Ricette	Il prodotto tipico
I dolci e il caffè.	- "Si" impersonale e passivante. - Lessico del caffè.	Dolci e caffè nel mondo.	Il tiramisù.	Il gelato.

7 Viva Napoli!
Pagina **54**

Cultura	Argomenti linguistici	Argomenti interculturali	Ricette	Il prodotto tipico
La pizza.	- Lessico per descrivere la pizza. - Imperativo pronominale. - Espressioni idiomatiche con le parole "pizza" e "pane".	La pizza nel mondo.	La pizza margherita.	La mozzarella di bufala.

8 Mangiando... in giro
Pagina **62**

Cultura	Argomenti linguistici	Argomenti interculturali	Ricette	Il prodotto tipico
Il cibo da strada.	- Condizionale semplice e composto. - Espressioni idiomatiche con le parole "castagna" e "friggere".	Il cibo da strada nel mondo.	Le olive all'ascolana.	Il pane.

9 Tutto in una volta!
Pagina **70**

Cultura	Argomenti linguistici	Argomenti interculturali	Ricette	Il prodotto tipico
I piatti unici.	- Pronomi relativi. - Proverbi per turisti. - Etimologia di alcuni prodotti alimentari.	I piatti unici nel mondo.	La parmigiana di melanzane.	La polenta.

10 L'Italia in festa
Pagina **78**

Cultura	Argomenti linguistici	Argomenti interculturali	Ricette	Il prodotto tipico
I cibi delle feste.	- Uso del congiuntivo presente. - Espressioni idiomatiche con la parola "festa".	Feste, cibi e tradizioni gastronomiche nel mondo.	- I tortellini. - Il ragù. - Il brodo.	Il panettone.

Percorso 1
L'Italia a tavola

1 Scrivi qui sotto i cibi italiani che conosci in base al loro colore.

basilico	mozzarella	pomodoro

Verde, bianco e rosso sono i colori della bandiera italiana. È possibile fare questa attività con la bandiera del tuo Paese? Prova!

2 Guarda le foto e segna quelle che descrivono una situazione tipicamente italiana. Poi spiega perché.

1 ☐ italiana ☐ non italiana
Perché _____
_____

2 ☐ italiana ☐ non italiana
Perché _____
_____

3 ☐ italiana ☐ non italiana
Perché _____
_____

4 ☐ italiana ☐ non italiana
Perché _____
_____

5 ☐ italiana ☐ non italiana
Perché _____
_____

6 ☐ italiana ☐ non italiana
Perché _____
_____

3 Mangiare all'italiana

Quanto conosci le tradizioni gastronomiche italiane? Scoprilo con questo quiz!

1. Gli "spaghetti alla bolognese":
   - A ☐ si mangiano in tutta Italia
   - B ☐ in Italia non esistono
   - C ☐ si mangiano solo a Bologna

2. Il vino non si beve mai:
   - A ☐ con il ghiaccio
   - B ☐ con un bicchiere piccolo
   - C ☐ prima di mangiare

3. Si usa spesso il burro al posto dell'olio:
   - A ☐ nel Sud Italia
   - B ☐ nel Centro Italia
   - C ☐ nel Nord Italia

4. Beve solo acqua minerale:
   - A ☐ una minoranza di persone
   - B ☐ circa la metà della popolazione
   - C ☐ la grande maggioranza delle persone

5. Nei ristoranti italiani la mancia:
   - A ☐ è circa del 10%
   - B ☐ è obbligatoria solo per la cena
   - C ☐ è già inclusa nel servizio

6. L'aperitivo:
   - A ☐ sostituisce sempre la cena
   - B ☐ è sempre con bevande alcoliche
   - C ☐ include cibi dolci

7. Il caffè in estate si beve spesso:
   - A ☐ senza zucchero
   - B ☐ freddo con ghiaccio
   - C ☐ con il limone

8. In Italia si mangia molto piccante:
   - A ☐ nel Sud
   - B ☐ nel Nord
   - C ☐ in tutte le regioni di montagna

9. Il cibo sempre presente sulla tavola in Italia è:
   - A ☐ il pane
   - B ☐ il burro
   - C ☐ il formaggio

10. Per capire se la pasta è al dente:
    - A ☐ si lancia sul muro
    - B ☐ si guarda il colore
    - C ☐ si assaggia

Soluzioni: 1 B, 2 A, 3 C, 4 C, 5 C, 6 B, 7 B, 8 A, 9 A, 10 C.
Punteggio: Da 0 a 3 risposte corrette: Hai ancora molte cose da imparare!
Da 4 a 7 risposte corrette: Hai una buona conoscenza di base.
Da 8 a 10 risposte corrette: Complimenti, sei un vero esperto!

4 Guarda e commenta le foto. Puoi dire tutto quello che ti viene in mente.

5a Leggi l'inizio dell'articolo e poi collega con una freccia i cibi alle zone d'origine: Nord, Centro o Sud.

Esiste una cucina italiana?

La cucina italiana non esiste o, almeno, non esiste come le persone di altri Paesi la immaginano. L'idea comune sulla gastronomia italiana (spaghetti, pizza, gelato, lasagne, ecc.) rappresenta solo una minima parte di un mosaico di abitudini e tradizioni culinarie molto più complesse e diversificate. La cucina italiana esiste, invece, come cucina regionale: i prodotti, le ricette e lo stile alimentare cambiano molto da una regione all'altra. All'estero la nostra gastronomia è stata identificata con la cucina tipica delle zone da cui provenivano tanti immigrati italiani, spesso originari del Sud.

5b Fai delle ipotesi sulle origini delle diverse tradizioni gastronomiche regionali italiane.

Il limoncello è tipico del Sud perché _____
La polenta _____

5c Continua la lettura, poi leggi le frasi a pagina 9 e segna solo le informazioni contenute nel testo.

Climi differenti

L'Italia si trova in un'area geografica favorevole per l'agricoltura, con un clima che presenta quattro stagioni distinte. Le alte catene montuose che attraversano l'Italia da Est a Ovest (le Alpi) e da Nord a Sud (gli Appennini) e la prevalenza di un paesaggio collinare sono le condizioni ideali per la presenza di numerosi microclimi che favoriscono prodotti agro-alimentari con sapori molto specifici. La differenza di latitudine tra la parte settentrionale e la parte meridionale della Penisola provoca differenti temperature medie stagionali, con il risultato di abitudini alimentari diverse. Il mare esercita una benefica influenza sulla maggior parte della sua superficie (nessuna città italiana è lontana più di 300 km dal mare), ma anche i numerosi fiumi portano grande vantaggio all'agricoltura.

1. ☐ In Italia esistono tante piccole aree con climi differenti.
2. ☐ In collina si mangia soprattutto carne e pasta.
3. ☐ L'inverno e l'estate portano benefici.
4. ☐ Gli Appennini sono montagne del Nord Italia.
5. ☐ Le città italiane sono tutte abbastanza vicine alla costa.
6. ☐ I grandi fiumi italiani sono un vantaggio per l'agricoltura.

5d Continua la lettura, poi metti gli eventi in ordine cronologico.

Un po' di storia

Le varietà gastronomiche italiane dipendono da una storia millenaria di sperimentazioni sull'alimentazione e sul gusto. Gli antichi romani avevano abitudini alimentari semplici e moderate, ma nell'età imperiale i cuochi romani usavano già nuovi ingredienti e nei banchetti tutti mangiavano molto. Nascono in questo periodo le prime scuole di cucina e illustri scrittori, tra cui Apicio, si dedicano esclusivamente a scrivere di cibo. Nel Rinascimento la gastronomia vive un periodo straordinario: dalla Cina e dall'India arrivano nuove spezie. Nelle epoche successive le dominazioni straniere contribuiscono alla diffusione di nuovi prodotti ed abitudini.

A [1] ☐ ☐ L'antica Roma e l'impero romano   B ☐ Il Rinascimento   C ☐ Dopo il Rinascimento

✗ Si formano le prime scuole e si scrivono i primi libri di cucina.
2 La cucina italiana è influenzata da altri Paesi dominanti.
3 La cucina diventa più elaborata e si usano nuovi ingredienti.
4 La cucina è molto sofisticata e ricca di ingredienti esotici.
5 Nei banchetti si mangiava molto.

6 🎧 **La dottoressa Paola Marini ci spiega le abitudini alimentari degli italiani. Ascolta e completa la tabella.**

	Orario	Pasto	Cosa mangiano	Dove
1	07:00 08:00			a casa o al bar
2	:	pranzo		
3	:			
4	:		affettati, formaggi...	

7 Nei giorni di festa e nelle occasioni speciali gli italiani mangiano un pasto completo. Metti le portate nell'ordine giusto e poi abbinale al loro significato.

Menù

- ☐ ☐ Contorno
- ☐ ☐ Frutta
- ☐ ☐ Digestivo
- ☐ ☐ Primo piatto
- ☐ ☐ Caffè
- 1 C Antipasto
- ☐ ☐ Dessert
- ☐ ☐ Secondo piatto

A Il piatto dolce.
B Un piatto di carne o pesce che segue il primo piatto.
C Insieme di vivande, servito all'inizio del pasto per stuzzicare l'appetito.
D Pasta, riso, zuppa...
E Cibo rinfrescante di fine pasto.
F Un piatto di verdura cruda o cotta che accompagna il secondo piatto.
G Bevanda aromatica ed energizzante.
H Bevanda alcolica che favorisce la digestione.

8 🎧 La mamma di Giulia spiega a sua figlia come apparecchiare perfettamente la tavola. Ascolta la telefonata e scrivi il nome di ogni oggetto.

1 _forchetta_   2 _____   3 _____
4 _____   5 _____   6 _____
7 _____   8 _____   9 _____

9 🎧 Tocca a te! Ascolta ancora la telefonata e disegna ogni oggetto al posto giusto.

10a Leggi le frasi e completa le espressioni idiomatiche con le parole che hai imparato.

1 Ho lavorato davvero tanto, ma ora basta sono alla _____!
2 Daniele ama mangiare bene, è proprio una buona _____!
3 Ecco la ricetta del tiramisù: è facile come bere un _____ d'acqua!
4 Non ho paura di lui, me lo mangio a _____!
5 Non posso discutere con il mio capo, ha sempre il _____ dalla parte del manico!
6 Non capisco quello che dice: parla sempre in punta di _____!
7 Volete vedere un film francese durante la lezione di italiano?! Ma c'entra come il cavolo a _____!
8 Se continui a lavorare tutta la notte, domani ti raccoglieremo col _____!

10b Con un compagno: scegliete 4 espressioni, inventate un breve dialogo e recitatelo alla classe.

Osserva

La mamma di Giulia dice "Il cibo non deve essere solo **buono**, devi anche presentarlo **bene**". Completa la regola sull'uso di "buono" e "bene".

1 _____ è un aggettivo che descrive un nome. Può essere maschile, femminile, singolare o plurale.
2 _____ è un avverbio e si usa con i verbi che indicano un'azione. Non cambia mai la sua forma.

11 Completa le frasi con "buono/a/i/e" o "bene" e indica se sono vere (V) o false (F).

		V	F
1	In Italia la presenza del mare è una _____ cosa per l'agricoltura.	☐	☐
2	Non apparecchi _____ la tavola se metti la forchetta a sinistra del piatto.	☐	☐
3	Il vino bianco è più _____ fresco.	☐	☐
4	Va _____ se non dai la mancia in un ristorante italiano.	☐	☐
5	I cornetti sono _____ a colazione!	☐	☐
6	I cuochi dell'antica Roma non cucinavano _____.	☐	☐

12 Osserva e commenta le immagini usando "buono/a/i/e" o "bene".

13 Rispondi alle domande.

a In genere, cosa fai bene e cosa non fai bene?
b Quali cibi sono buoni secondo te?

Culture a confronto

- Disegna il tuo Paese e parla dei piatti tipici. Spiega queste differenze gastronomiche in base alle caratteristiche geografiche, climatiche e storiche.
- Con un compagno: a turno intervistatevi per scoprire come sono i pasti nei vostri Paesi e quali sono le vostre abitudini personali. Fate domande sugli orari, i luoghi e i cibi consumati.

14a In gruppi di 4 studenti. Immaginate di essere una famiglia italiana (padre, madre e due figli di 15 e 18 anni) e di fare la spesa per tutta la settimana. Preparate la lista della spesa.

Lista della spesa (padre e madre)

Lista della spesa (figlio e figlia)

14b Ora leggete e confrontate le informazioni con la vostra lista della spesa. Siete una tipica famiglia italiana?

La spesa

Secondo alcuni dati Istat sul consumo dei prodotti alimentari, sono diminuite le vendite per quanto riguarda la pasta, il pane, la carne, il vino e la frutta fresca.
Al contrario, è aumentato l'acquisto di prodotti surgelati, in particolare i primi piatti, così come è in aumento anche l'acquisto di latte, formaggi, ortaggi, salumi, olio di oliva e carne bianca.

15a Leggi l'articolo.

A tavola secondo… la classe sociale

Dirigenti e liberi professionisti preferiscono pranzare in modo veloce, ad esempio in un bar, mangiando un tramezzino e un'insalata; per loro infatti il pasto principale non è rappresentato dal pranzo ma dalla cena. Questa categoria rappresenta il 17,7% e si tratta soprattutto di persone con un livello di istruzione elevata e residenti nel Centro o nel Nord Italia. Le cose cambiano, invece, per chi ha più di 55 anni: in questo caso il pasto principale resta il pranzo.
Disoccupati e persone che non hanno un regolare rapporto di lavoro, con un basso reddito o poca istruzione, in genere mangiano un panino con salumi anche 1 o 2 volte al giorno e solo una volta alla settimana consumano verdura, frutta, pesce e uova.
Gli studenti, invece, iniziano la giornata con una ricca colazione, fanno vari spuntini nel corso della giornata, consumano molta pasta, pane e burro, spesso si incontrano nei locali *fast food* e mangiano poca frutta e verdura. I giovani con un'età compresa tra i 14 e i 17 anni preferiscono consumare un panino, una pizza o un pranzo alla mensa.

15b È lunedì mattina e una famiglia si organizza per il pranzo. Leggi le descrizioni: qual è la loro classe sociale? Completa la tabella e usa il presente per parlare del futuro immediato, come fanno gli italiani.

Chi sono	Cosa mangia	Dove mangia
Padre – avvocato		
Madre – insegnante all'università		
Figlia – studentessa di liceo		
Figlio – studente all'università		

16a Leggi il testo e segna le cose, secondo te, giuste.

Cosa si fa quando si è a tavola

Il pranzo o la cena sono anche un'occasione per stare con la propria famiglia, gli amici o i colleghi. Quando ci si mette a tavola, cosa si fa oltre che mangiare? Ecco cosa fanno gli italiani quando si mettono a tavola a pranzo o a cena.
Su un campione di 883 italiani:

- [ ] il 27,1% degli intervistati non risponde al telefono se squilla durante il pranzo o la cena, per non essere disturbato
- [ ] il 42,7% spegne la televisione
- [ ] il 73% non si alza da tavola prima che tutti gli altri abbiano terminato il pasto
- [ ] l'88,4% aspetta gli altri commensali per cominciare il pasto tutti insieme

16b In gruppi di quattro. Sono le 20:00, una famiglia si mette a tavola per cenare e inizia una piccola discussione su cosa si può e non si può fare durante un pasto. Preparate un dialogo.

17a Leggi l'articolo e poi rispondi alle domande.

Piazza delle Erbe, Mantova.

Tutti al ristorante

Gli italiani preferiscono pranzare a casa, ma per lavoro mangiano fuori casa anche cinque giorni alla settimana. Scelgono il ristorante per i pranzi veloci dei giorni lavorativi, oppure per "occasioni speciali" (44%), per "stare in mezzo alla gente" (38,5%) o per mangiare cibi che "a casa non si preparano" (23,5%), come antipasti e dessert. Tra i piatti più amati, quelli a base di pesce. Al ristorante è normale consumare un pasto di almeno tre portate incluso il dessert, mentre a casa si consuma un piatto unico, un primo o un secondo. Circa la metà degli italiani frequenta abbastanza spesso i ristoranti stranieri: il 19% almeno una volta al mese, il 30,1% due o tre volte all'anno, mentre il 51% più raramente. Il ristorante cinese è quello più amato (40,4%), seguito dal giapponese (16,2%) e dal messicano (15,1%). Molto successo ha anche il *kebab*, soprattutto tra i giovani.

1 Nel tuo Paese è più frequente pranzare a casa o al ristorante? Perché?
_____

2 Normalmente nel tuo Paese di quante portate è composto un pasto a casa e un pasto al ristorante?
_____

3 Nella tua città ci sono molti ristoranti stranieri? Sono frequentati? Quali sono i più amati?
_____

17b Scrivi le principali differenze tra l'Italia e il tuo Paese e indica cosa ti piace e cosa non ti piace.

In Italia	☺	☹	Nel mio Paese	☺	☹

Percorso 2 — Aperitivo a Venezia

1 Guarda la foto, rispondi alle domande e parla con i tuoi compagni.

1. Secondo te che ore sono?
2. Dove sono e cosa fanno queste persone?
3. Cosa mangiano e cosa bevono?
4. Cosa faranno dopo?

2a Giorgia va a Venezia in treno e incontra Alberto. Parlano della città e dei suoi famosi aperitivi. Ascolta il dialogo.

2b Ora formate almeno tre squadre. Ascoltate il dialogo, poi ogni squadra prepara quattro domande. La squadra A fa la domanda alla squadra B, la squadra B alla squadra C e così via. Ogni risposta esatta vale 1 punto. Vince la squadra che fa più punti. Guardate l'esempio.

Squadra A: Dove vanno Giorgia e Alberto?
Squadra B: A Venezia.
Squadra B: Cosa chiede il controllore sul treno?
Squadra C: Il biglietto.

2c Siete sicuri di aver fatto tutte le domande possibili? Leggete queste e rispondete a quelle che sono nuove. Ogni risposta corretta vale 2 punti. La squadra che dà più risposte corrette può cambiare il risultato della gara e vincere!

1 Da quale binario doveva partire il treno da Bologna a Venezia?
_____

2 Quale espressione usa l'uomo per parlare in modo informale?
_____

3 Quali sono le parole tipiche veneziane usate dalla ragazza?
_____

4 Dove abita esattamente la ragazza?
_____

5 La ragazza nomina alcuni tipi di "cicchetti". Quali sono?
_____

3a Ascolta di nuovo e completa le frasi.

1 Grazie, eh... siccome ci vado _____, meglio essere sicuri.
2 Allora anche Lei va a Venezia: per lavoro o _____?
3 Veramente _____. Frequento l'università: lingue orientali.
4 Ah, bene, complimenti! Le piace _____? Deve essere un sogno...
5 Pensi che è la _____ che ci vado. Quasi mi vergogno, ho viaggiato tanto in vita mia, ma ancora non _____ ero mai stato. Comunque non vedo _____, sono proprio curioso. Appena arrivo, vado in albergo e poi faccio subito _____ per i canali e le vie del centro!
6 Ho capito perfettamente, ci vado _____. Hai qualche altro consiglio da darmi?

3b Rileggi le frasi e sottolinea tutti i pronomi "ci".

3c Ora completa la tabella.

Pronome "ci" e verbo	Cosa sostituisce?
1 ci vado	a Venezia
2	
3	
4	
5	
6	

4 Leggi le frasi, indica dove è necessario inserire il pronome "ci" e spiega perché.

1 Non vado mai a casa di Gino ma _____ esco con lui spesso.
☐ Sì ☐ No   Perché _____

2 Il bar "Roxy" è fantastico, _____ vado ogni sera dopo il lavoro.
☐ Sì ☐ No   Perché _____

3 Stasera vado in quel nuovo locale in Via Mazzini. Tu _____ sei mai andato?
☐ Sì ☐ No   Perché _____

4 Per fare la pasta più buona _____ devi mettere un po' di parmigiano!
☐ Sì ☐ No   Perché _____

5 Ieri _____ ho bevuto uno spritz in un bacaro di Venezia.
☐ Sì ☐ No   Perché _____

6 Ho paura di andare dal dentista! _____ vieni con me per favore?
☐ Sì ☐ No   Perché _____

5 Guarda i disegni e descrivili con una frase che contiene il pronome "ci".

1 _____

2 _____

3 _____

4 _____

5 _____

6 _____

6 Con un compagno: preparate 5 domande alle quali bisogna rispondere con il pronome "ci", poi domandate e rispondete a turno. Un punto per ogni domanda o risposta corretta. Vince chi fa più punti.

Aperitivo o antipasto?

7 Con un compagno: fate delle ipotesi sulle differenze tra l'aperitivo e l'antipasto. Dove, come e con chi si prendono?

8a Leggi l'inizio dell'articolo e completa la tabella.

L'aperitivo

L'aperitivo è diventato un momento che identifica il moderno stile di vita italiano. L'aperitivo serale, più comune rispetto a quello che si prende prima del pranzo, è servito tra le 18:00 e le 20:00. È l'occasione migliore per incontrare gli amici o i colleghi di lavoro prima di tornare a casa: l'aperitivo è un momento di socializzazione e di ritrovo, spesso nei bar più famosi dei centri storici delle città italiane.

Quando?	Con chi?	Dove?	Perché?

8b Continua la lettura e abbina le frasi.

Un po' di storia

L'abitudine di consumare una bevanda alcolica dal gusto leggermente amaro prima del pasto è nata in epoche antichissime. Nel 1796 la famiglia Carpano inizia a produrre a Torino il primo vermouth, un particolare vino aromatizzato, da gustare prima di mangiare. Il vermouth diventa famoso ed è amato anche da personaggi illustri come Cavour e Giuseppe Verdi. Inizia così la competizione fra tante piccole aziende di liquori del Nord Italia per creare il prodotto migliore. Nascono in quel periodo il bitter Campari ed il vermouth Martini, nomi celebri in tutto il mondo.

1 L'aperitivo aiuta...
2 L'aperitivo è un'abitudine...
3 La famiglia Carpano ha prodotto un vino che...
4 Il Campari e il Martini sono...
5 Nel Nord Italia nell'800 c'erano...
6 Le erbe contenute in alcune bevande alcoliche...

☐ A antica.
☐ B tante piccole fabbriche di liquori.
☐ C stimolano il desiderio di mangiare.
☐ 1 D la digestione.
☐ E Cavour e Verdi amavano bere.
☐ F nati nel Nord Italia.

8c Leggi, poi cancella le foto che non si riferiscono ad un aperitivo tipicamente italiano e spiega perché.

Tipi di aperitivo

Oggi l'aperitivo può essere una bevanda alcolica o analcolica, accompagnata da vari stuzzichini. Esistono aperitivi preparati con vari ingredienti, oppure semplici in bottigliette già pronte. Recentemente si è diffusa la tendenza di bere come aperitivo del vino, in particolare il Prosecco – uno degli ingredienti dell'aperitivo più alla moda oggi in Italia, lo spritz. In pochi anni questa bevanda tradizionale del Veneto si è trasformata nell'aperitivo preferito dagli italiani, per il suo gusto leggero e rinfrescante. In tutti i bar italiani gli aperitivi sono serviti con patatine fritte, arachidi ed olive; ma i migliori bar offrono molti tipi di cibo, tanto che l'aperitivo può trasformarsi in una cena, da mangiare in piedi o al tavolino, mentre si chiacchiera con gli amici.

1 _____
2 Perché l'insalata non si mangia con l'aperitivo.
3 _____
4 _____
5 _____
6 _____

9a Continua la lettura e completa il testo con le parole nel riquadro.

> tavola   dolce   regione   cena   caldi   pasto   piatto   portate

L'antipasto

L'antipasto italiano è... praticamente tutto! Cibi (1) _____ e freddi, carne, pesce, legumi, verdure, formaggi e salumi; non esistono regole, l'antipasto è composto da piccoli assaggi di prodotti tipici di una (2) _____. Diversamente dall'aperitivo, considerato come momento che precede il (3) _____ e si consuma più spesso al bar, l'antipasto è portato a (4) _____ come tradizionale inizio di un pranzo o di una (5) _____. Le abitudini alimentari degli italiani stanno però cambiando e solo in rare occasioni si mangiano effettivamente tutte le (6) _____. Così, a volte, si inizia già da un primo o da un secondo (7) _____; oppure molti italiani che vanno al ristorante preferiscono ordinare una ricca varietà di antipasti e poi direttamente il (8) _____.

9b Con un compagno: scrivete le differenze tra l'aperitivo e l'antipasto. Quale preferite? Spiegate perché.

Aperitivo	Antipasto

9c Leggi, poi abbina le parole alle foto.

Cibi e bevande nell'antipasto

L'antipasto è formato da cibi semplici, ma ricchi di sapore. Protagonista è sempre il pane, sia come ingrediente per le bruschette e i crostini, sia come accompagnamento per i tanti tipi di salumi e formaggi. Sono frequenti anche le olive, le verdure sott'olio e sott'aceto, vari tipi di pesci marinati e il carpaccio. Uno spicchio di frittata o di torta salata è comune, mentre è ancora raro consumare ad inizio pasto l'insalata verde, normalmente considerata un contorno. Secondo la tradizione non si mangiano per antipasto cibi dolci, ma anche in questo caso ci sono delle eccezioni: potete trovare a tavola alcuni tipi di frutta (il melone con il prosciutto è una combinazione perfetta!), delle marmellate da abbinare ai formaggi e l'aceto balsamico, acido e dolce allo stesso tempo.
La bevanda che accompagna spesso l'antipasto è il vino bianco, possibilmente "mosso", cioè "frizzante". Lo spumante italiano (il Prosecco e il Franciacorta in particolare) è la scelta più frequente, anche per l'eccellente rapporto qualità/prezzo.

1 bruschetta
2 crostino
3 salumi
4 carpaccio
5 frittata
6 prosciutto e melone

 A ☐
 B 1
 C ☐
 D ☐
 E ☐
 F ☐

Culture a confronto

- Nel tuo Paese esiste la tradizione dell'aperitivo o una tradizione simile?
- Hai mai preso un aperitivo in Italia o in un locale italiano del tuo Paese?
- Nel tuo Paese un pasto completo comprende l'antipasto? Cosa si mangia? Ci sono differenze rispetto all'antipasto italiano?

Tutti in cucina!
Spritz e crostini al gorgonzola con pere e noci

10a Prepara per i tuoi ospiti un aperitivo e un antipasto italiani! Questi sono gli ingredienti: abbina le parole alle immagini.

1. Aperol
2. gherigli di noce
3. arance
4. *baguette*
5. gorgonzola
6. ghiaccio
7. pere
8. prosecco
9. acqua minerale gassata

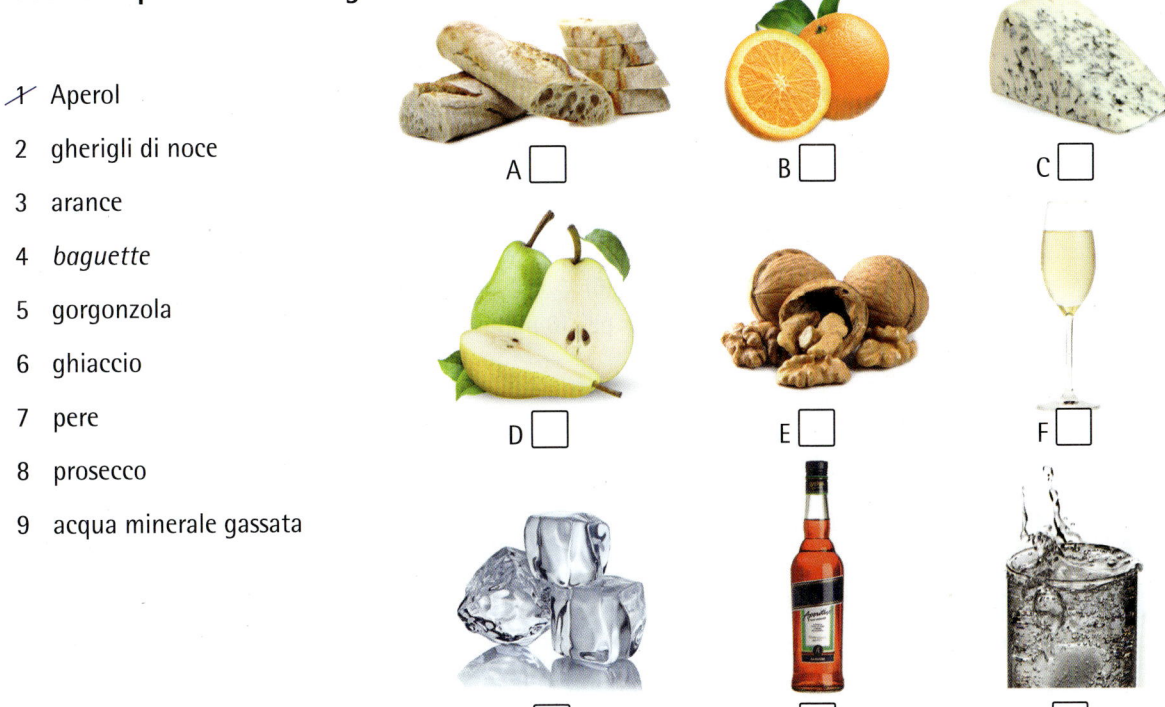

A ☐   B ☐   C ☐
D ☐   E ☐   F ☐
G ☐   H [1]   I ☐

10b Ora copri le foto dell'esercizio 10a, leggi le definizioni e completa le parole crociate.

1. Un formaggio morbido che si produce in provincia di Milano.
2. In Sicilia è famosa quella rossa!
3. Un pane di forma allungata.
4. Acqua... solida.
5. Stanno dentro alle noci.
6. Può essere gassata.
7. Un tipo di frutta.
8. Bevanda arancione leggermente alcolica.
9. Vino bianco leggermente gassato del Nord Italia.

11 Scrivi gli ingredienti delle due ricette al posto giusto. Poi guarda il video e verifica.

Spritz

Ingredienti
- 3 parti di prosecco
- 2 parti di Aperol
- Acqua minerale gassata (o selz)
- Ghiaccio
- Una fetta di arancia

Crostini al gorgonzola, pere e noci

Ingredienti per 4 persone
- 100 grammi di pere
- 200 grammi di baguette
- 100 grammi di gorgonzola
- 100 grammi di noci

Mettete il (1) _____ e mezza (2) _____ nel bicchiere. Versate l' (3) _____, aggiungete il (4) _____ e finite con l' (5) _____. Mescolate.

Video-ricetta sul sito:
www.elipublishing.org/percorsi-italiani

Tagliate la (1) _____ a fettine diagonali. Sbucciate le (2) _____ e tagliatele a fettine. Mettete i crostini tagliati su una piastra da forno e sopra ad ognuno mettete una fettina di (3) _____. Sopra mettete un pezzetto di (4) _____: non troppo perché poi sciogliendosi uscirà dal crostino. Tritate un po' di (5) _____ e cospargete i crostini. Infornate a 180° per 10 minuti.

Sai che...?

Lo spritz si può preparare in molti modi: con il Campari al posto dell'Aperol, con il selz o la soda al posto dell'acqua minerale, con il vino bianco "fermo" al posto del Prosecco.

12 Leggi le frasi e correggi gli errori.

1. Per favore, mi tagli l'acqua nel bicchiere? ___versi___
2. Quando la torta è cotta, devi tritarla con lo zucchero al velo. _____
3. Non ho voglia di aggiungere la mela, puoi farlo tu per me? _____
4. Per fare la macedonia devi versare la frutta a pezzetti. _____
5. Hai un buon coltello per cospargere l'aglio? _____
6. Il ragù mi piace piccante, quindi ci sbuccio un po' di peperoncino. _____

13 In gruppi di 3: ogni studente scrive e presenta agli altri una ricetta molto semplice, poi il gruppo vota e presenta alla classe la ricetta preferita. Il gruppo con la ricetta più votata vince.

14 Per fare lo spritz è necessaria l'acqua gassata, ma quanti tipi di acqua esistono? Dividi le parole in base al loro significato.

leggermente frizzante   naturale   frizzante   effervescente naturale   liscia   gassata

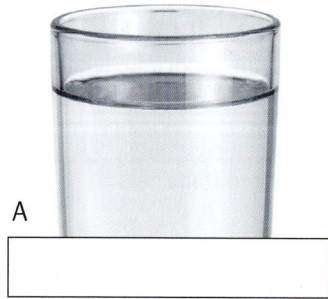

A

B

C

15 Molte espressioni italiane contengono la parola "acqua". Abbina immagini ed espressioni, poi scrivi una frase per spiegare il significato di ogni espressione.

☐ A  ☐ B  ☐ C

☐ D  ☐ E  ☐ F

1 Acqua in bocca!
2 Perdersi in un bicchier d'acqua.
3 Gettare acqua sul fuoco.
4 Avere l'acqua alla gola!
5 Fare acqua da tutte le parti.
6 Portare l'acqua con le orecchie.

Il prodotto tipico

Lo spumante

Secondo la tradizione è stato il monaco francese Pierre Pérignon ad inventare nel 1688 il metodo per produrre lo *champagne*, ma documenti scoperti negli anni '90 sembrano dimostrare che il medico Francesco Scacchi, di Fabriano nelle Marche, già nel 1622 conosceva le tecniche per produrre del vino frizzante.
In Italia lo spumante è il vino dei momenti di festa. Nella sua versione dolce accompagna benissimo il dessert, in quella secca accompagna l'aperitivo o gli antipasti. Lo spumante può essere prodotto con il metodo classico, che consiste nella doppia fermentazione in bottiglia, o con il metodo Charmat-Martinotti, che consiste nella fermentazione in grossi recipienti in acciaio. Quest'ultimo procedimento è usato per ottenere intensi sapori dolci, come quelli del Moscato o del Brachetto, oppure vini freschi e meno strutturati, come il famosissimo Prosecco, prodotto in Veneto ed in Friuli Venezia Giulia. Il metodo classico, invece, è un procedimento lungo e complesso, che permette di produrre gli spumanti più pregiati. L'eccellenza di questa tipologia è rappresentata in Italia dai vini prodotti in Franciacorta, una zona in provincia di Brescia, in Lombardia. Una bottiglia di Franciacorta DOCG (Denominazione d'Origine Controllata e Garantita) rappresenta uno dei migliori prodotti nel panorama enogastronomico italiano.

16 Rispondi alle domande e confronta le tue esperienze con i compagni.

1 Nel tuo Paese è più conosciuto lo spumante o lo *champagne*?
2 Hai mai bevuto uno spumante italiano? Se sì, in quale occasione?
3 Nel tuo Paese, qual è la bevanda tipica dei momenti di festa?

Percorso 3 — Italia... al dente!

1 In piccoli gruppi: guardate le foto e fate le attività.

a Scrivete i nomi della pasta che conoscete. Vince il gruppo che ne scrive di più!
b Conoscete altri nomi di pasta? Scriveteli e confrontateli tra voi.
c Ogni gruppo deve inventare un nuovo tipo di pasta, scegliere il suo nome, la forma, disegnarla su un cartellone e preparare una pubblicità da presentare alla classe.

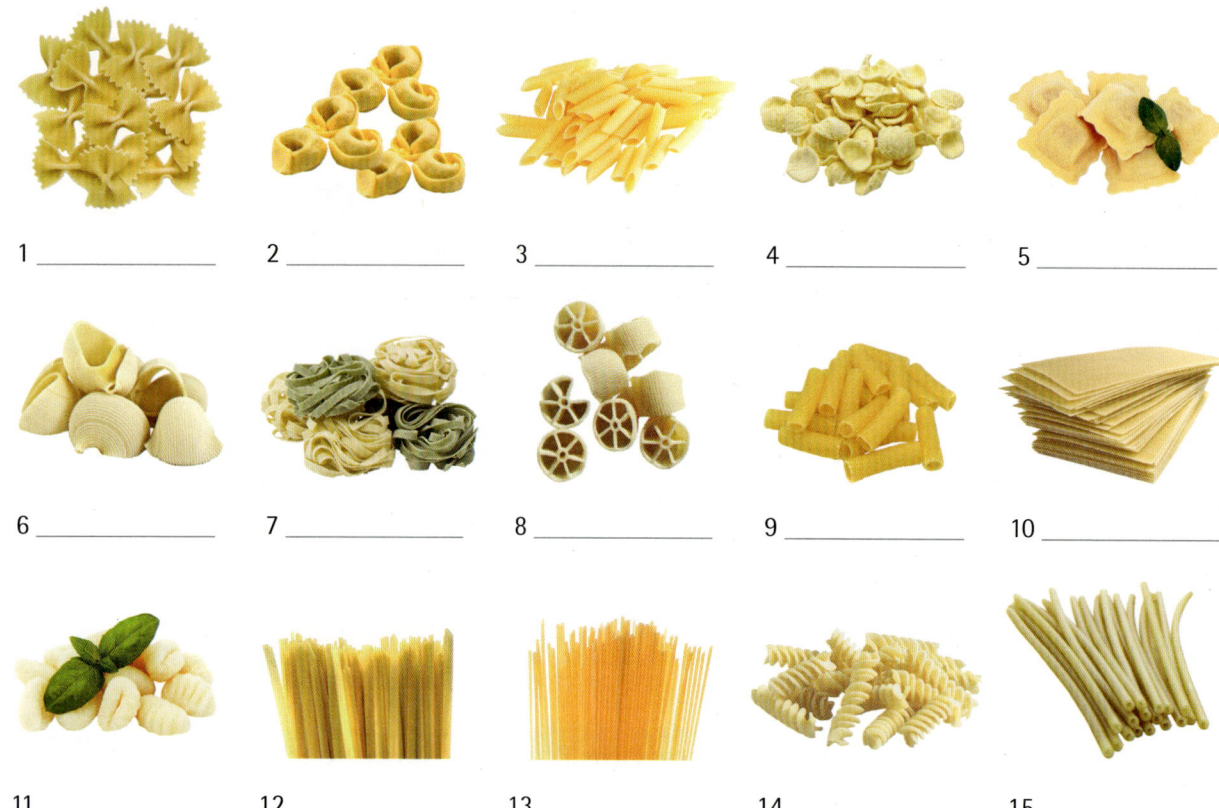

1 _____ 2 _____ 3 _____ 4 _____ 5 _____

6 _____ 7 _____ 8 _____ 9 _____ 10 _____

11 _____ 12 _____ 13 _____ 14 _____ 15 _____

2 Con un compagno: pensate alle differenze tra voi e i vostri nonni nel modo di cucinare e nelle abitudini alimentari, poi completate la tabella.

	In passato, i nonni...	Oggi noi...
Cosa		
Dove		
Come		
Chi		

3

3a Ascolta il dialogo tra Pina e suo nipote Carlo e scrivi le domande. Verifica con un compagno.

Cosa offre di preparare la nonna a suo nipote?
Le lasagne e l'arrosto.

1 _____
Perché ha detto agli amici che sa fare la pasta, ma non è vero.

2 _____
Perché la pasta deve riposare e lui non ha tempo.

3 _____
Sei ore.

4 _____
Le fettuccine e il ragù.

5 _____
Il nonno.

3b Ascolta ancora il dialogo e scrivi i verbi al passato prossimo e all'imperfetto.

Passato prossimo	Imperfetto	
1 _____	1 _____	13 _____
2 _____	2 _____	14 guardavo
3 ho esagerato	3 impastava	15 _____
4 _____	4 _____	16 _____
5 _____	5 lasciava	17 _____
6 ho fatto	6 _____	18 era
7 _____	7 mettevamo	
8 _____	8 _____	
9 _____	9 era	
10 _____	10 _____	
11 _____	11 _____	
12 ho detto	12 _____	

4 Leggi l'articolo su Gualtiero Marchesi, il più famoso cuoco italiano, e trasforma il testo dal presente al passato. Usa il passato prossimo o l'imperfetto.

Gualtiero Marchesi

Gualtiero Marchesi nasce a Milano da una famiglia di ristoratori. Nel dopoguerra si trasferisce in Svizzera, perché vuole continuare l'attività di famiglia, e si iscrive alla scuola alberghiera di Lucerna. Vive anche a Parigi e in questo periodo è molto affascinato dalla cucina francese. Nel 1977 apre a Milano il suo primo ristorante di ispirazione francese, ma desidera unire questa cucina alle tradizioni lombarde. Mentre il ristorante cresce, Marchesi si dedica anche alle sue passioni artistiche, come la pittura e la musica lirica. Questa sensibilità artistica si esprime sempre nelle sue ricette. Da quel momento in poi inizia a vincere numerosi premi e nel 1986 il suo ristorante riceve, per la prima volta in Italia, tre stelle Michelin.

5 Con un compagno: guardate le immagini e scrivete sul quaderno cosa è successo a Gianni. Usate il passato prossimo e l'imperfetto.

6 Guarda e descrivi le foto. Hai mai affrontato una situazione simile? Racconta.

7 Cosa sai della pasta italiana? Completa le informazioni nel modo giusto.

1. La pasta è nata
   - A ☐ in Italia
   - B ☐ in Francia
   - C ☐ in Arabia
   - D ☐ in Cina
2. La pasta si mangia anche
   - A ☐ fredda
   - B ☐ dolce
   - C ☐ a colazione
   - D ☐ come contorno
3. Nell'impasto non c'è
   - A ☐ farina
   - B ☐ burro
   - C ☐ uovo
   - D ☐ pomodoro

8a Leggi l'inizio dell'articolo e poi rispondi vero (V) o falso (F).

Pasta, amore mio!

L'Italia è spesso identificata con il suo cibo più amato e conosciuto: la pasta. In effetti, siamo il primo Paese al mondo per produzione e consumo di questo cibo.
La pasta è il "primo piatto" per eccellenza. Già gli antichi Romani conoscevano un tipo di pasta chiamato "lagane", lunghe strisce cotte al forno. Gli Arabi hanno rivoluzionato le tecniche di produzione, durante il loro dominio nel Sud Italia: intorno all'anno Mille hanno portato in Italia un tipo di pasta essiccata al sole che doveva essere cotta in acqua. Per molto tempo, però, la pasta è stata un cibo per le occasioni speciali, mentre nel Centro-Nord la gente mangiava primi piatti semplici e poveri, come polenta e zuppe. Solo dopo la Seconda Guerra Mondiale, la pasta è diventata un cibo di largo consumo.

	V	F
1 All'inizio del XX secolo la pasta era un cibo comune.	☐	☐
2 L'Italia è il primo produttore e consumatore di pasta.	☐	☐
3 Nell'antica Roma si mangiavano le "lagane".	☐	☐
4 Nel Centro-Nord la gente non mangiava pasta.	☐	☐
5 Gli Arabi hanno portato in Italia la pasta secca.	☐	☐

8b Continua la lettura e completa lo schema.

Tipi di pasta

lunga	corta
1 vuota	_____
2 _____	fresca
3 di grano tenero	
4 _____	con le uova

Oggi esistono centinaia di tipi di pasta, lunga o corta, con forme particolari o piccolissima per le minestre; può essere ripiena di carne, pesce, verdure e formaggi, e avere addirittura colori diversi, grazie all'aggiunta di ingredienti coloranti naturali nell'impasto, come gli spinaci, il pomodoro o il nero di seppia. In alcuni casi la colorazione è solo estetica, ma spesso serve per valorizzare il sapore delle ricette. Un'importante distinzione è tra la pasta "secca" e "fresca". La pasta secca si conserva per molto tempo ed è prodotta con la farina di grano duro (la semola). Esempi di pasta secca sono gli spaghetti, le penne, le farfalle e i fusilli, che restano un po' duri dopo la cottura. La pasta fresca, invece, è ottenuta da un impasto di farina di grano tenero, o di semola, e uova. Esempi di pasta fresca sono i tortellini, i ravioli, le lasagne e le fettuccine, morbidi dopo la cottura.

3

8c Continua la lettura. Poi, con un compagno, abbinate i nomi alle descrizioni dei piatti e scrivete di quale regione sono tipici.

I sughi

Esistono tanti modi diversi di condire la pasta, che cambiano da regione a regione o in base ai prodotti stagionali. Il pomodoro, il parmigiano e l'olio d'oliva sono gli ingredienti più diffusi, mentre la pasta condita solo con olio o burro è definita "in bianco". I sughi, preparati con verdure, carne e pesce, sono sempre colorati e saporiti. Il sugo di carne è anche chiamato "ragù", soprattutto nella tradizione napoletana e nella famosa ricetta bolognese.

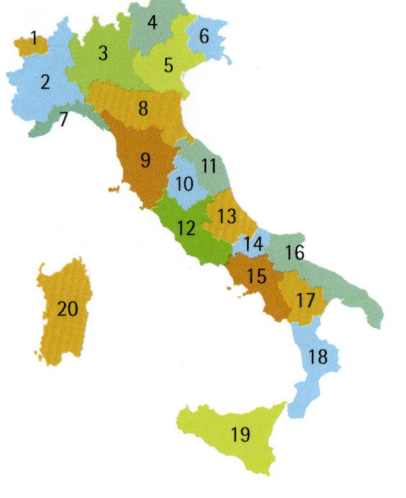

1 Val d'Aosta
2 Piemonte
3 Lombardia
4 Trentino Alto Adige
5 Veneto
6 Friuli Venezia Giulia
7 Liguria
8 Emilia Romagna
9 Toscana
10 Umbria
11 Marche
12 Lazio
13 Abruzzo
14 Molise
15 Campania
16 Puglia
17 Basilicata
18 Calabria
19 Sicilia
20 Sardegna

1  [E] Orecchiette alle cime di rapa

A ☐ Il profumo del pesto ci porta sulla costa Nord-Occidentale d'Italia.

2  ☐ Spaghetti all'amatriciana

B ☐ La pasta ripiena condita con sugo di carne della tradizione emiliana.

3  ☐ Trenette al pesto

C ☐ Giallo come l'oro, il colore della popolare cotoletta.

4  ☐ Tortellini al ragù

D ☐ Nati nella piccola città di Amatrice, vicino a Roma, sono famosi in tutta Italia.

5  ☐ Risotto alla milanese

E [16] Piatto che esprime l'intensità dei prodotti del "tacco" d'Italia.

8d Termina la lettura e segna le immagini che non corrispondono alla giusta preparazione della pasta. Poi spiega perché.

Come cuocere la pasta

Per preparare una buona pasta non bisogna dimenticare alcune semplici regole: deve bollire in molta acqua salata, ma il sale deve essere aggiunto solo quando l'acqua bolle; deve essere cotta "al dente", quindi un po' dura; quando si salta la pasta in padella con il sugo, va aggiunta poca acqua di cottura, per dare cremosità al piatto; infine la pasta deve essere servita e mangiata immediatamente!

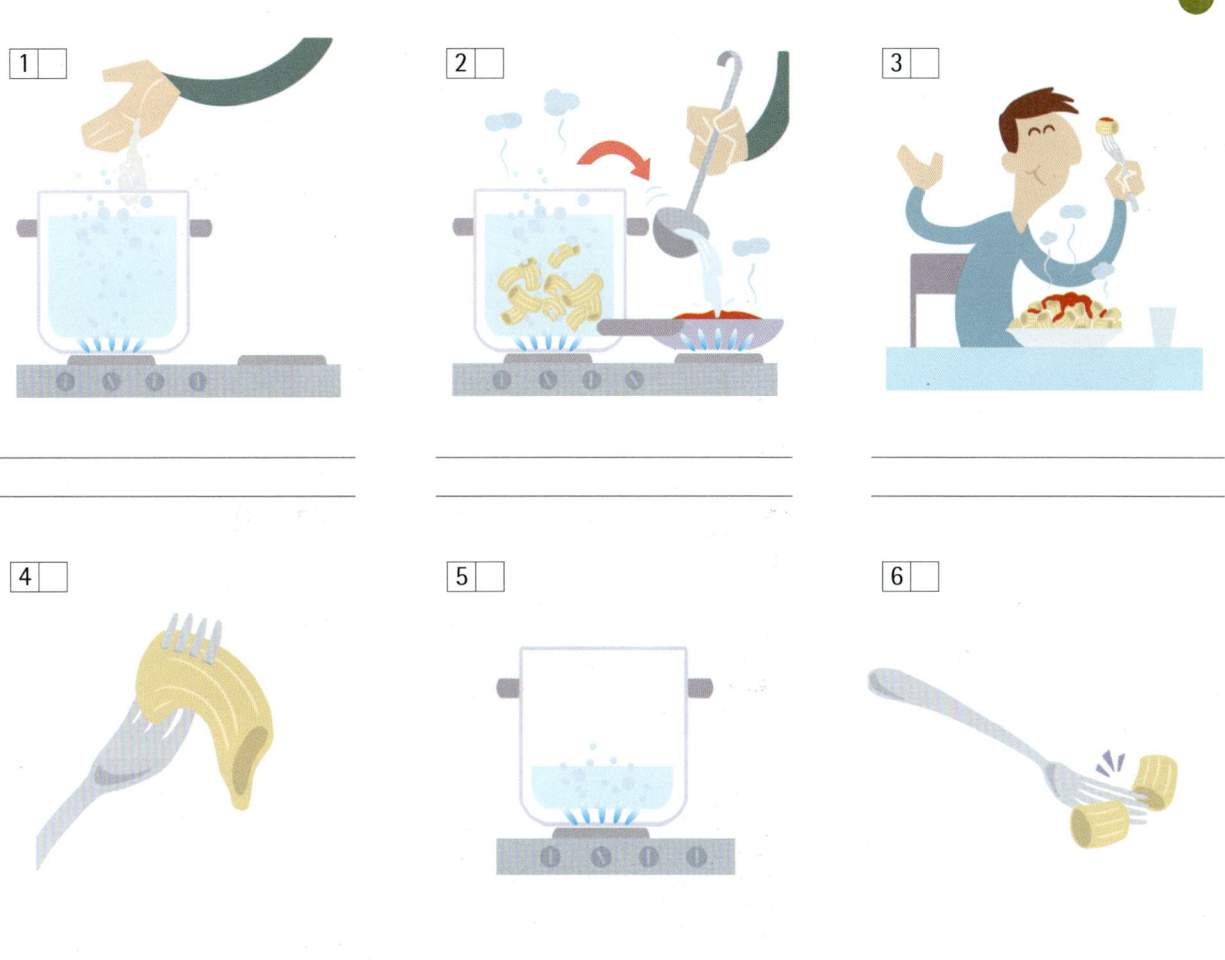

8e Completa il testo con le parole nel riquadro.

| risotto | gnocchi | gusto | pasta | riso | dente |

Oltre alla pasta sono considerati primi piatti anche gli (1) _____ di patate, le zuppe e il (2) _____. Quest'ultimo, specialmente nel Nord Italia, appartiene alla tradizione gastronomica anche più della (3) _____. Il piatto più celebre a base di riso è il cremoso (4) _____, ma il riso, secondo il (5) _____ italiano, deve rimanere, come la pasta, un po' al (6) _____.

Culture a confronto

Rispondi alle domande con un compagno.
- Qual è il piatto più rappresentativo del tuo Paese?
- Quali sono le sue origini e la sua storia?
- Ci sono diverse varianti? Quali sono e dove sono diffuse?
- Si mangia tutti i giorni o in occasioni speciali?
- Sei su un'isola deserta e puoi avere un solo cibo: quale scegli?

3

Tutti in cucina!
Gli spaghetti alla carbonara

Ingredienti per 4 persone:
- 400 grammi di spaghetti
- 2 cucchiai di olio di oliva
- 150 grammi di pancetta o guanciale
- 150 grammi di carne macinata
- 100 grammi di pecorino o parmigiano grattugiato
- 4 uova, pepe nero macinato

9a Leggi la ricetta: un ingrediente non serve. Quale?

9b Metti le foto nell'ordine giusto.

Video-ricetta sul sito:
www.elipublishing.org/percorsi-italiani

 A
 B
 C
 D
 E
 F
 G
 H
 I

9c Ora guarda le foto dell'esercizio 9b e abbinale alla descrizione giusta. Le descrizioni non sono in ordine!

- [ ] Rompete le uova in una ciotola.
- [ ] Versate gli spaghetti nella ciotola ed amalgamateli alle uova.
- [C] Fate bollire l'acqua: poi aggiungete sale e versateci gli spaghetti.
- [ ] Scolate gli spaghetti e versateli nella padella con la pancetta.
- [ ] Tagliate la pancetta a dadini e mettetela in una padella con l'olio.
- [ ] Unite il pecorino alle uova e sbattete bene.
- [ ] Aggiungete il pepe.
- [ ] Mescolate bene gli spaghetti e servite subito la carbonara.
- [ ] Fatela friggere fino a quando il grasso diventa trasparente. Togliete dal fuoco e lasciate intiepidire.

Alla salute!

È difficile trovare il vino giusto per gli spaghetti alla carbonara perché il pepe e il formaggio dovrebbero essere bilanciati da un vino morbido, mentre la cremosità dell'uovo dovrebbe essere contrastata da un vino fresco e sapido. Infine la pancetta richiede un vino corposo che sostenga la ricchezza del piatto. La soluzione è... sperimentare!
Vini consigliati: Orvieto Classico e Trebbiano d'Abruzzo.

9d Abbina le foto all'oggetto giusto.

1 ciotola
2 scolapasta
3 padella
4 grattugia
5 pentola
6 tegame

A ☐ B ☐ C ☐ D ☐ E ☐ F ☐

9e Le origini della carbonara sono incerte. Completa le diverse versioni e scegli quella che ti convince.

| bacon   boschi   carbone   cuoco   pepe   persone   Roma   Seconda |

1 Si chiama "carbonara" a causa della grande quantità di _____ nero che la fa somigliare al _____.
2 È stata inventata dai soldati americani che arrivarono in Italia durante la _____ Guerra Mondiale. Quando videro gli spaghetti, li abbinarono alla loro ricetta preferita: uova e _____.
3 È stata inventata dai carbonari (le _____ che facevano il carbone), perché si preparava rapidamente e i suoi ingredienti potevano essere conservati nei _____.
4 È nata a Carbonia, una città vicino a Cagliari (in Sardegna), da un _____ che si è trasferito a _____. Il piatto ha avuto molto successo e il cuoco gli ha dato il nome della sua città.

10 Abbina i modi di dire con la parola "uovo" alla spiegazione giusta.

1 ☐ Meglio un uovo oggi che una gallina domani.
2 ☐ Cercare il pelo nell'uovo.
3 ☐ Rompere le uova nel paniere.
4 ☐ Essere pieno come un uovo.

A Avere mangiato troppo!
B Rovinare tutto quello che ha fatto un'altra persona.
C Essere troppo precisi e cercare il minimo difetto nelle cose.
D È meglio accontentarsi di quello che abbiamo, invece di rischiare tutto per avere di più.

Il prodotto tipico

L'olio d'oliva

Il succo che viene dalla spremitura delle olive è il migliore grasso alimentare conosciuto ed è il simbolo della cucina mediterranea. Non solo l'olio d'oliva possiede un gusto unico, ma è anche ricco di sostanze che combattono l'invecchiamento cellulare. Fin dall'antichità era considerato più che un cibo: Omero lo ha definito il "liquido d'oro", per i Romani era anche un medicinale e un cosmetico, mentre l'albero di ulivo rappresentava gloria, pace e benedizione.
Oggi l'olio d'oliva si produce in grande quantità al Sud, in Puglia e Calabria in particolare, dove ha un sapore intenso a causa del clima caldo; nelle regioni del Centro-Nord l'olio ha invece un gusto più delicato.
La presenza dell'olio d'oliva nelle ricette italiane è costante nella preparazione dei soffritti per i sughi, nelle insalate, nella rosolatura degli arrosti; inoltre aggiungere "un filo d'olio a crudo" è il modo migliore per dare gusto a tanti piatti tipicamente italiani. Forse il modo migliore per apprezzarlo è con una semplice bruschetta, dove il pane tostato esalta l'olio d'oliva, che emerge nei suoi aromi fruttati, amarognoli o piccanti.
È molto importante per l'olio essere "extra vergine". Per ottenere questa denominazione l'olio deve superare due esami. Il primo è chimico: l'olio non deve avere ingredienti aggiunti e la parte acida deve essere al massimo di 0,8 grammi su 100. Il secondo è un esame del gusto: gli assaggiatori certificati devono garantire che l'olio non ha nessun difetto.

Percorso 4 — Non solo pasta

1 Carne o pesce? La classe si divide in due squadre. La squadra A elenca i prodotti che può comprare in una macelleria italiana e la squadra B fa la stessa cosa con una pescheria. Vince la squadra che elenca più nomi corretti.

2 🎧 5 Gianni e Rina hanno ospiti a cena. Con un compagno: ascoltate il dialogo e scrivete i piatti che Gianni e Rina pensano per la cena.

Menù	Gianni	Rina
Antipasto		
Primo piatto		
Secondo piatto		
Contorno		
Dessert		
Frutta		
Bevande		

3 Con un compagno: abbinate le quantità e i contenitori ai prodotti. Attenzione: ci sono più possibilità!

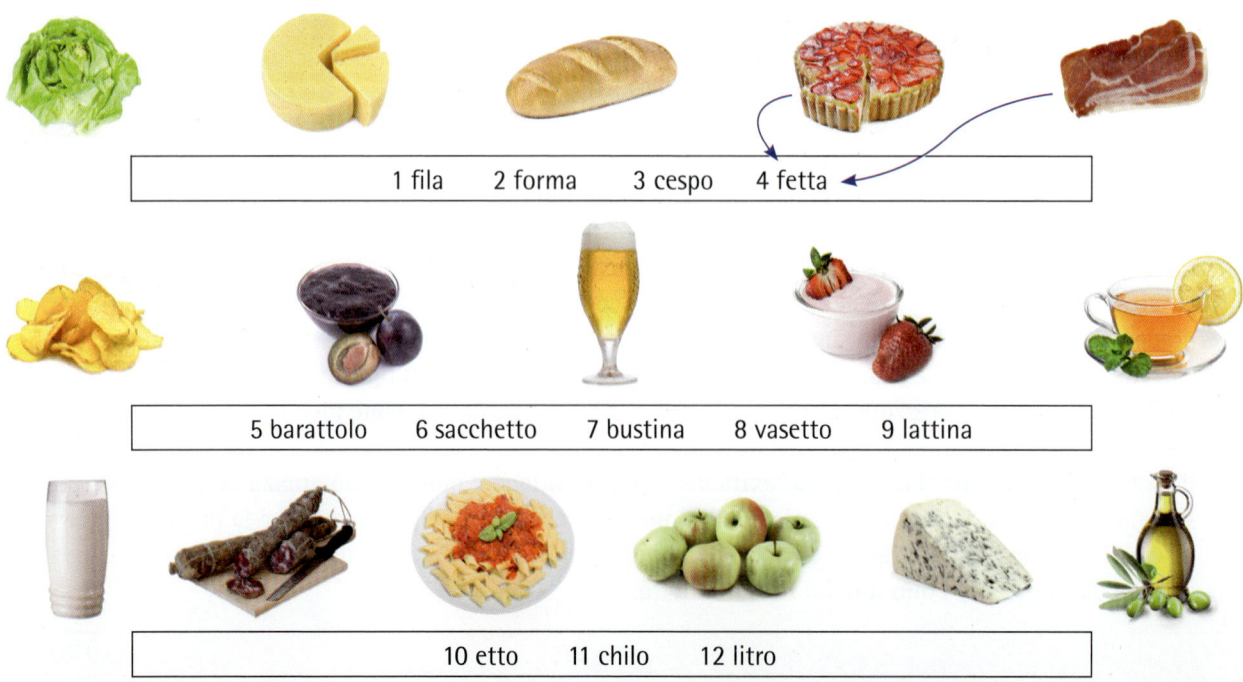

1 fila   2 forma   3 cespo   4 fetta

5 barattolo   6 sacchetto   7 bustina   8 vasetto   9 lattina

10 etto   11 chilo   12 litro

Osserva

4 Leggi l'esempio e completa la regola.

- *Quante uova usi per fare la torta?*
- *Ne uso tre.*

Ne sostituisce la parola _____.
Si usa perché _____
_____.
In italiano possiamo evitare di usarlo?
_____

5a In piccoli gruppi: rispondete alle domande usando il "ne".

Quante persone invitano a cena Gianni e Rina?
Ne invitano due

1 Quanto pane compra Gianni?
_____
2 Quanto prosciutto compra?
_____
3 Quanta mortadella compra?
_____
4 Quanto formaggio compra?
_____
5 Quanti funghi compra?
_____
6 Quante bistecche vuole cuocere Gianni?
_____
7 Quante spigole vuole cucinare Rina?
_____
8 Quanta insalata compra Gianni?
_____

5b Ora ascoltate di nuovo il dialogo e controllate le vostre risposte. Vince il gruppo che ha ricordato esattamente più informazioni.

5c Leggi le frasi e completale con i pronomi "lo"," la", "li", "le" o "ne".

1 Ho comprato 3 uova e ___ ho messe nel frigorifero.
2 Luigi beve troppi caffè, ___ beve 6 al giorno!
3 So che l'olio d'oliva fa bene alla salute quindi ___ uso in tutti i miei piatti.
4 Devi comprare più formaggio! Non ___ basta una forma!
5 Mi piacciono tanto i funghi e vado a cercar___ in montagna.
6 Dove sono le mele? ___ hai mangiate tutte tu?

5d Con un compagno: l'attore Roberto Benigni e sua moglie Nicoletta Braschi vengono a cena a casa vostra e dovete fare bella figura! Scegliete il menù, preparate la lista della spesa e decidete le quantità.

6a Leggi e poi rispondi V (Vero) o F (Falso).

Il secondo piatto

Nella gastronomia di molti Paesi il piatto di carne o pesce rappresenta il piatto principale, il momento più importante del pasto. In Italia è invece denominato "secondo piatto", non solo per l'ordine di servizio a tavola, ma anche perché la pasta (primo piatto) ha un posto privilegiato nei gusti degli italiani. Nella tradizione italiana la carne e il pesce hanno rappresentato il cibo più costoso e, quindi, meno frequente sulla tavola; i secondi piatti erano mangiati in occasioni speciali e ancora oggi, per fare bella figura con gli ospiti, bisogna fare attenzione a queste portate.

	V	F
1 Carne e pesce sono il "secondo piatto" perché gli italiani preferiscono la pasta.	☐	☐
2 In passato la carne e il pesce non si mangiavano spesso perché costavano molto.	☐	☐
3 Oggi in Italia, se vuoi fare bella figura con un ospite, devi cucinare il pesce.	☐	☐

6b Con un compagno: leggete il menù e provate ad indicare se i secondi piatti sono di carne o di pesce.

MENÙ

SECONDI PIATTI

Filetto all'aceto balsamico
Fiorentina con verdure di stagione
Fritto misto del golfo
Scaloppine al limone
Varietà di mare alla griglia
Coda di rospo ai ferri
Tagliata di manzo

1 _____
2 _____
3 _____
4 _____
5 _____
6 _____
7 _____

6c Continua la lettura.

Carne e pesce

La diffusione di ricette tradizionali dei piatti di carne e di pesce dipende dalla posizione geografica: l'Italia è prevalentemente montuosa e collinare, ma ha oltre 7.000 chilometri di coste. Nonostante ciò, gli italiani mangiano molta più carne che pesce. Il consumo di carne non è comunque tra i più alti in Europa e, negli ultimi anni, il consumo totale è diminuito, specialmente per la carne bovina ed ovina. Il consumo di carne di maiale (quella più mangiata dagli italiani) è stabile, mentre è in crescita il consumo di carne di pollo, probabilmente per i minori grassi presenti ed il costo più basso.
Anche il consumo di pesce sta rallentando per motivi economici. Infatti, diminuisce la vendita del pesce fresco, ma cresce quella del pesce surgelato.

6d Ora segna con + l'aumento, con – la diminuzione, e con = la stabilità del consumo di carne e pesce.

1 Il consumo di carne negli ultimi anni. ☐
2 Il consumo di carne di maiale. ☐
3 Il consumo di carne di pollo. ☐
4 Il consumo di pesce. ☐
5 Il consumo di pesce fresco. ☐
6 Il consumo di pesce surgelato. ☐

Culture a confronto

- Nel tuo Paese si mangia più carne o più pesce? Perché?
- Che tipo di carne si mangia soprattutto? C'è un tipo di carne che non si mangia mai?
- Qual è il tipo di cottura più comune? E la tua cottura preferita?

Sai che...?

Nei pranzi di matrimonio a volte si mangia un secondo di pesce e poi un secondo di carne. In questo caso è servito un sorbetto al limone per togliere dalla bocca il sapore del pesce e gustare meglio la carne.

6e Termina la lettura e scrivi sotto alle foto il tipo di cottura.

Piatti tradizionali

I piatti tradizionali di carne in molte regioni d'Italia sono a base di maiale, agnello, pollo e coniglio. In passato erano più rari i piatti con la carne bovina poiché le mucche servivano per il lavoro nei campi e fornivano il latte per produrre il formaggio. La carne di vitello è più diffusa al Nord, mentre il Centro Sud ha per tradizione ricette con carne di maiale e di agnello. La preparazione dei piatti di carne è, come sempre nella cucina italiana, semplice e con pochi ingredienti. Le cotture prevedono infatti l'uso di olio d'oliva, aglio ed erbe aromatiche (timo, maggiorana, alloro, rosmarino, salvia, ecc.). Esistono diversi tipi di cottura: è molto amata quella alla griglia o alla brace che, ad esempio, valorizza la fiorentina, una bistecca grande, pesante e preparata "al sangue". Altre ricette prevedono invece la carne cotta al forno (arrosto), in una casseruola, fritta in padella o semplicemente bollita in pentola ed accompagnata da vari tipi di salse.

1 _al forno_   2 _____   3 _____   4 _____   5 _____

6f Completa i modi di dire con la parola "pesce". Poi abbinali al significato giusto.

1	C	Essere muto…	che pesci prendere.	A Non avere un carattere o un ruolo definito.
2	☐	Sentirsi un pesce…	come un pesce.	B Guardare in modo dolce e innamorato.
3	☐	Fare gli occhi…	né carne né pesce.	C Non parlare.
4	☐	Non sapere…	come un pesce.	D Essere a disagio in una situazione.
5	☐	Non essere…	fuor d'acqua.	E Non sapere cosa fare.
6	☐	Essere sano…	da pesce lesso.	F Avere un'ottima salute.
7	☐	Buttarsi…	pesce grosso.	G Offendere e trattare male qualcuno.
8	☐	Essere un…	a pesci in faccia.	H Iniziare qualcosa con grande entusiasmo.
9	☐	Trattare qualcuno…	pesce in barile.	I Essere una persona importante.
10	☐	Fare il…	a pesce.	L Fingere di non capire o non vedere quello che succede.

4

Tutti in cucina!
Le polpette al sugo

7a Le polpette al sugo sono preparate, con piccole varianti, in tutta Italia. Con un compagno: scrivete gli ingredienti vicini alle quantità.

aglio   basilico   olio d'oliva   uova   passata di pomodoro

mollica di pane   sale   carne macinata   cipolla

pepe   prezzemolo   parmigiano   noce moscata   pecorino

Ingredienti per 4 persone:

PER LE POLPETTE

500 grammi di _____
100 grammi di _____ sbriciolata
50 grammi di _____ grattugiato
50 grammi di _____ grattugiato
2 cucchiai di _____ tritato
3 _____
1 pizzico di _____
1 pizzico di _____
1 pizzico di _____ grattugiata

PER IL SUGO

5 cucchiai di _____
1 _____
2 spicchi di _____
½ litro di _____
1 pizzico di _____
4-5 foglie di _____

7b ▶ Ora guarda il video e completa la preparazione delle polpette al sugo.

In una grande (1) _____ mettete la carne macinata, la mollica di pane, il parmigiano, il pecorino, il prezzemolo, le uova, il sale, il pepe e la noce moscata. Impastate tutti gli ingredienti con le (2) _____ e poi lasciate riposare il composto al fresco. Nel frattempo preparate il (3) _____. In una pentola capiente mettete l'(4) _____, la cipolla e l'aglio tritati finemente, fateli soffriggere e, quando la cipolla sarà diventata (5) _____, versate la passata di pomodoro, il sale e portate dolcemente a bollore. Intanto formate le polpette. Prelevate un po' di impasto e modellatelo con i palmi delle mani per formare delle (6) _____. Procedete in questo modo fino a terminare il composto. Quando il sugo di pomodoro (7) _____, aggiungete delicatamente le polpette e fate cuocere per circa 20/30 (8) _____ a fuoco basso. Cinque minuti prima di spegnere il fuoco, aggiungete le (9) _____ di basilico.

Video-ricetta sul sito:
www.elipublishing.org/percorsi-italiani

8a Abbina ogni tipo di carne alla foto giusta.

1 vitello
2 pollo
3 coniglio
4 agnello
5 maiale

8b Completa le espressioni idiomatiche.

1 Quando Lucia ha saputo la brutta notizia, ha cominciato a piangere come un _____.
2 Massimo è la persona più paurosa del mondo, è veramente un _____!
3 Sandra racconta tante bugie al suo fidanzato e lui ci casca sempre come un _____.
4 Giulio mangia come un _____! Mangia troppo, gli fa male!
5 Davide è sempre buono con tutti, non si arrabbia mai! È proprio un _____.
6 Il tuo comportamento è ridicolo! Fa proprio ridere i _____!
7 Luigi è troppo buono e si fida di tutti... è come un _____ tra i lupi.
8 La casa di Aldo è sempre sporca e disordinata! Vive come un _____: dobbiamo fare qualcosa!

Alla salute!

Le polpette al sugo sono un piatto ricco di ingredienti dal gusto intenso. La carne e il formaggio suggeriscono un abbinamento con un vino rosso di buona struttura. La dolcezza del pomodoro e gli aromi presenti richiedono un vino fresco e profumato. Sono molte le opzioni possibili: ne consigliamo una del Sud e una del Nord. Vini consigliati: Negramaro (Sud) o Dolcetto d'Alba (Nord).

9a Leggi l'articolo, poi scrivi le parole corrispondenti alle definizioni.

Piatto ricco o povero?

Scoprire l'origine delle polpette di carne in salsa di pomodoro è un'impresa ardua, infatti è impossibile stabilire la loro origine precisa o la loro zona geografica di appartenenza. Esistono due grandi teorie sulle loro origini.

La prima teoria lo considera un piatto povero della tradizione. Secondo questa teoria, infatti, le polpette venivano cucinate con gli avanzi della carne, che venivano tritati e impastati insieme ad altri ingredienti come uova, pangrattato, erbe aromatiche, ecc. La nuova pietanza acquistava sapori e profumi nuovi, lasciando i commensali soddisfatti.

La seconda teoria, invece, riconosce alle polpette una certa "nobiltà". Infatti la parola "polpetta" viene introdotta da Martino de' Rossi, un cuoco molto famoso e importante, che scrisse il *Libro de Arte Coquinaria* nel 1450. In questo ricettario Martino de' Rossi, con le sue ricette innovative, segnò il passaggio dalla cucina rinascimentale a quella medievale. Per quanto riguarda le polpette, queste non erano fatte con gli avanzi ma piuttosto con le parti nobili del vitello. La parola "polpetta", infatti, potrebbe avere origine da "polpa", con cui si indicava la parte più morbida e gustosa della carne di vitello.

Oggi le polpette di carne macinata, cotte nella salsa di pomodoro, sono un piatto amatissimo e diffuso in tutte le zone d'Italia con piccole varianti regionali. E anche oggi, a volte si fanno con gli avanzi e a volte con la carne macinata fresca.

Adattato da www.sceltedivino.it

1 molto difficile _____
2 resti di cibo _____
3 pane grattugiato _____
4 cibo _____
5 compagni di tavola _____
6 nuove e originali _____
7 pregiate _____
8 versioni _____

9b Ora rispondi oralmente alle domande.

1 Quale delle due teorie, secondo te, è la più probabile? Perché?
2 Esiste nel tuo Paese un piatto fatto con gli avanzi di cibo? Ti piace?

10a Ecco alcune espressioni idiomatiche italiane con "polpette", "polpettone" e i loro ingredienti. Con un compagno: abbinate le espressioni al loro significato.

1 ☐ fare qualcuno a polpette
2 ☐ essere un polpettone
3 ☐ essere come il prezzemolo
4 ☐ camminare sulle uova

A dover essere molto prudente e attento
B distruggere una persona fisicamente o moralmente
C essere in ogni evento pubblico e conoscere tutti
D essere particolarmente noioso e banale

10b Completa le frasi con i modi di dire dell'esercizio 10a, con le modifiche necessarie.

1 Silvia _____: è sempre a tutte le feste!
2 Luigi ha un carattere molto difficile, con lui _____.
3 Ho giocato a tennis con Mario e _____! È un vero campione!
4 Ieri ho visto un film terribile, non finiva mai! _____!

Il prodotto tipico

Il tartufo

Per molti buongustai, il tartufo è il re degli ingredienti nella cucina italiana. Gli antichi Romani lo mangiavano spesso e lo consideravano un gustosissimo tubero misterioso, che non si poteva coltivare, ma solo trovare in natura. Addirittura credevano che i tartufi fossero originati dai fulmini di Giove, caduti vicino agli alberi di quercia.

In realtà il tartufo è simile ad un fungo che vive sotto terra e si sviluppa in simbiosi con particolari tipi di alberi, dalle cui radici prende i nutrimenti. La difficoltà della raccolta e la quantità limitata, rispetto alla grande richiesta da tutto il mondo, fanno diventare il tartufo un cibo costosissimo che nelle qualità migliori può costare migliaia di euro per un solo chilo.

Tra i vari tipi di tartufo i più famosi sono il bianco di Alba, in Piemonte, ed il nero di Norcia, in Umbria. Esistono altre eccellenti qualità, ma è sempre necessario fare attenzione quando si acquista questo prodotto, sia per il notevole costo, sia per la presenza nel mercato di tartufi di scarsa qualità, venduti a caro prezzo a persone non esperte.

È importante sapere che molte salse tartufate vendute in vasetti nei supermercati sono molto apprezzate, ma contengono una quantità di tartufo molto bassa (spesso solo il 3-4%) e sono fatte soprattutto con funghi, olive ed aromi artificiali.

Per gustarlo nel modo migliore il tartufo deve essere mangiato fresco, tagliato a fettine molto sottili direttamente sopra il piatto pronto. Quello bianco, per il suo gusto molto delicato, non può essere assolutamente cotto, mentre quello nero può ricevere una leggera cottura, specialmente se usato nella preparazione delle salse.

La presenza del tartufo nobilita tante ricette, sia primi che secondi piatti, però deve avere il ruolo di protagonista assoluto tra gli ingredienti del piatto, per valorizzare al meglio il suo gusto veramente unico.

11 Rispondi oralmente alle domande.

1 Il tartufo è uno dei 10 cibi più costosi nel mondo. Qual è il cibo più costoso nel tuo Paese? Lo hai mai mangiato? In quale occasione?
2 Qual è il prezzo massimo che pagheresti per una cena al ristorante?
3 Hai molti soldi da spendere in prodotti non necessari. Quali compreresti? Fai una classifica di cinque prodotti.

Percorso 5 — Contorni d'Italia

1 Guarda la foto e rispondi alle domande.

1. Dove ci troviamo? Che cosa vedi?
2. Conosci le verdure nella foto?
3. Sei mai stato in un mercato all'aperto? Dove? Cosa hai comprato?
4. Immagina e descrivi un mercato italiano all'aperto: odori e rumori, tipi di persone, prodotti.
5. Molti italiani preferiscono comprare al mercato invece che al supermercato. Quali vantaggi ci sono, secondo te?

2a Con un compagno: ascoltate il dialogo e mettete le frasi in ordine cronologico. Attenzione: una frase non fa parte del dialogo!

- [ ] A La signora Pina compra le mele scontate.
- [ ] B Oreste ha due tipi di limoni.
- [ ] C I carciofi costano molto perché sono appena arrivati.
- [ ] D Il pollo arrosto si può fare con diversi ingredienti.
- [ ] E Oreste si lamenta perché i clienti oggi non comprano abbastanza.
- [ ] F La signora Pina decide di comprare i carciofi surgelati.
- [ ] G Il pollo arrosto si accompagna benissimo con le patate.
- [ ] H Quando Oreste era giovane si mangiava di più.
- [ ] I La signora Pina spiega ad Oreste che stasera ha ospiti a cena.

2b In gruppi di 3: uno studente è la signora Pina e gli altri due i suoi nipoti. I nipoti arrivano a cena, ma sono a dieta e mangiano pochissimo. La signora Pina cerca di convincerli a mangiare un po' di più. Immaginate il dialogo e rappresentatelo davanti alla classe.

2c Riascolta il dialogo e completa la tabella.

Verbo che esprime necessità	Cosa/attività necessaria
1 Ci vuole…	
2	… mettere un po' di succo di limone.
3	
4	
5	… il basilico.

3 Completa l'articolo con le parole nel riquadro. Attenzione: ci sono varie possibilità!

ci vuole/ci vogliono   occorre/occorrono   serve/servono   bisogna

Alla ricerca dell'amatriciana perduta

Questo week-end devo trovare la vera ricetta degli spaghetti all'amatriciana! Arrivato ad Amatrice, mi metto alla ricerca di personaggi da intervistare. Entro in una cartoleria e chiedo: "Un amatriciano dove va a mangiare la migliore amatriciana?" e una signora mi risponde sorridendo "A casa mia!" e lì capisco che la ricerca sarà dura! Dunque… la cipolla non ci va, l'aglio non ci va, (1) _____ il pomodoro passato di casa… no, è meglio quello fresco, maturo ma sodo, ma se vuoi farla proprio perfetta (2) _____ i pomodorini!
(3) _____ usare la padella di ferro nero, ma senza burro.
(4) _____ il pecorino romano… no, è troppo salato, meglio il pecorino del posto, ma adesso non c'è, lo stanno facendo in questi giorni, (5) _____ sei mesi, minimo. Esco dalla cartoleria ed entro da Sandro, macellaio e profondo conoscitore. "L'amatriciana" comincia lui, "non esiste, esiste solo la gricia e per fare la gricia (6) _____ lardo a fette, o guanciale, il tutto ben rosolato. Poi (7) _____ metterci un po' di vino bianco, si lascia evaporare e poi si salta la pasta aggiungendo un pizzico di buon pecorino e poco pepe nero."
Torno a casa più confuso che mai e penso che non cucinerò l'amatriciana per almeno un anno!

Adattato da www.rodante.it

4a Leggi le frasi tratte dal dialogo al mercato.

- Da quando i limoni sono **più** cari **dell'**oro?
- Mangiare i carciofi è **più** costoso **che** comprarsi un vestito!

4b Con un compagno. Rispondete alla domanda facendo delle ipotesi e completate la regola.

Perché nella prima frase **più** è seguito da **di** e nella seconda frase è seguito da **che**?
Si usa **di** perché _____.
Si usa **che** perché _____.

5   Con un compagno. Guardate gli esempi e completate la regola con le parole nel box.

| verbi all'infinito | preposizione | sostantivi | aggettivi |

Esempi	Regola
1 I limoni sono più cari dell'oro.	Si usa **di** quando gli elementi comparati sono...
2 Questi limoni sono più belli che buoni.	Si usa **che** quando gli elementi comparati sono...
3 Comprare limoni è più caro che comprare l'oro.	Si usa **che** quando gli elementi comparati sono...
4 I limoni costano meno al mercato che al supermercato.	Si usa **che** quando dopo c'è una...

6   Guarda le foto e descrivile con il comparativo di maggioranza (più) o quello di minoranza (meno). Usa i suggerimenti.

Osserva

Se i due sostantivi non sono separati dal verbo, si usa **che**.
- *Sono più cari i limoni che l'oro.*
- *Ho comprato più limoni che arance.*

1 frutta – dolci

2 a casa – al ristorante

3 golosa – attenta all'alimentazione

I contorni

7   Conosci la "dieta mediterranea"? Da quali cibi è composta? Perché è famosa? Parlane con un compagno.

8a   Leggi l'inizio dell'articolo, poi scrivi nelle piramidi a pagina 41 i cibi della lista. Segna anche il numero di porzioni, secondo te, giusto. Per "porzione" si intende la giusta quantità.

Bianco rosso e... verdure

In un pasto italiano tradizionale il secondo piatto è sempre accompagnato da uno o più contorni. In Italia la parola "contorno" indica una piccola porzione di verdure crude o cotte, legumi, patate o funghi che sono serviti insieme al secondo piatto. Nell'alimentazione tradizionale italiana il consumo delle verdure è molto importante e anche oggi l'Italia è il primo produttore europeo e il secondo consumatore (dopo la Polonia) di prodotti ortofrutticoli. Inoltre il 75% della produzione italiana di verdure è destinato al consumo dei prodotti freschi e solo il 25% a quello dei surgelati, perché c'è ancora la buona abitudine di mangiare frutta e verdura di stagione.

- carni bianche
- carni rosse
- dolci
- frutta – verdura – pane, pasta e riso
- frutta secca
- latte e yogurt
- legumi
- olio di oliva
- pesce
- salumi
- uova

Dieta mediterranea

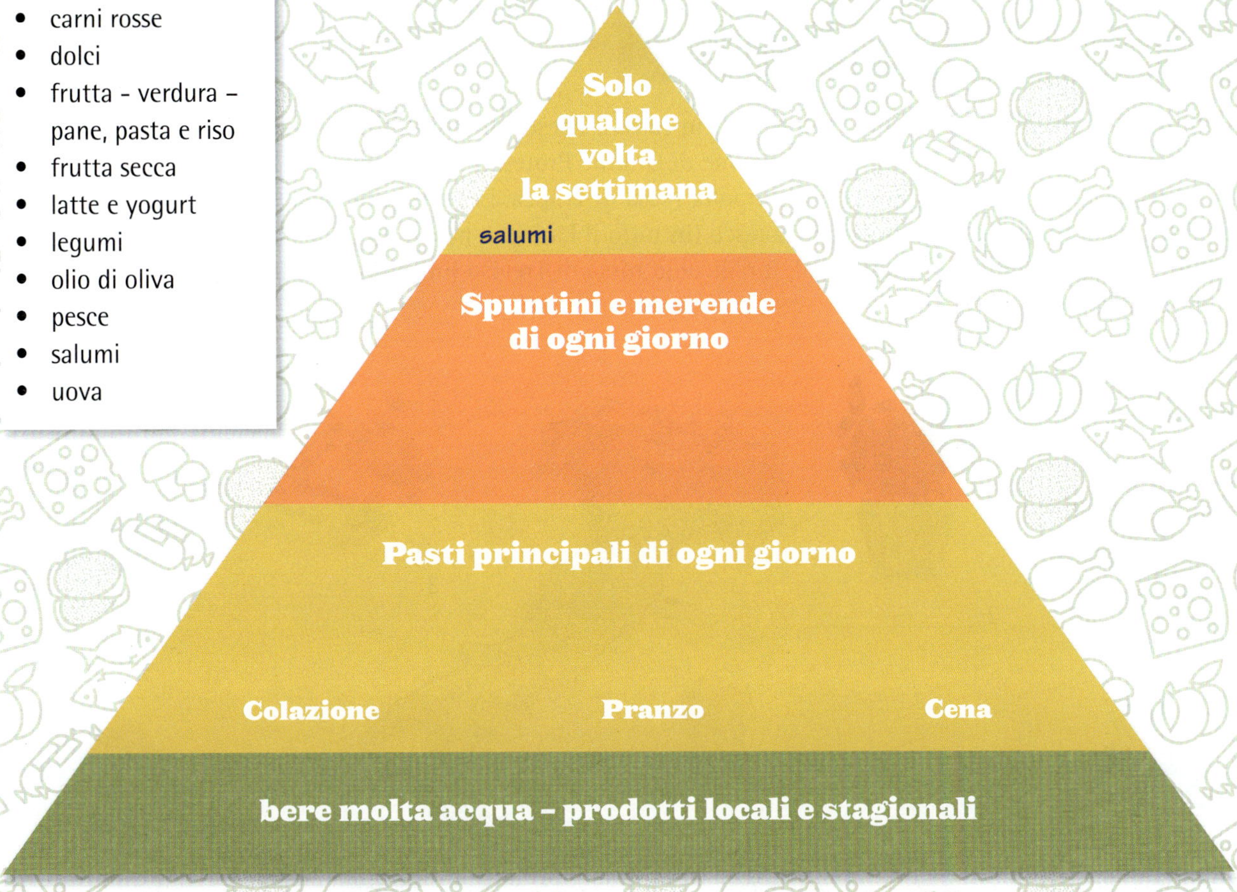

Solo qualche volta la settimana

salumi

Spuntini e merende di ogni giorno

Pasti principali di ogni giorno

Colazione — Pranzo — Cena

bere molta acqua – prodotti locali e stagionali

La tua alimentazione

8b Continua la lettura. Poi collega ogni prodotto DOP o IGP alla regione giusta.

Verdure... nobili

In Italia si producono ortaggi di alta qualità in tutto il Paese, ma in particolari aree italiane alcuni prodotti hanno la sigla DOP (Denominazione di Origine Protetta) o IGP (Indicazione Geografica Protetta). Tra questi possiamo citare la cipolla rossa di Tropea, i capperi di Pantelleria e i pomodorini di Pachino (in Sicilia), il carciofo romanesco (in tutto il Lazio), il basilico genovese (in Liguria), le melanzane di Rotonda (in Basilicata), il radicchio rosso di Treviso (in Veneto), lo scalogno di Romagna (in Emilia Romagna).

1 _____ 2 _____ 3 _____ 4 _____
5 _____ 6 _____ 7 _____ 8 _____

8c Continua la lettura. Poi scrivi il nome giusto sotto ad ogni foto.

Quante verdure!

Oltre alle verdure DOP e IGP esistono comunque ottimi prodotti usati dalla gastronomia italiana.
È comune avere contorni a base di patate, fagioli, fagiolini, ceci, piselli, porri, fave, finocchi, rape, sedani, carote, zucche, zucchine, cavoli, verza, broccoli, cime di rapa, cetrioli, spinaci, agretti, funghi ed altri ancora. Come contorno, le verdure possono essere servite sia crude che cotte. In questo caso, sono cotte al forno, alla griglia, al vapore o, per i più golosi, fritte in padella con olio. In inverno i contorni sono soprattutto caldi, mentre in estate si preferiscono verdure fredde, spesso crude.

1 _fagioli_ 2 _____ 3 _____ 4 _____ 5 _____ 6 _____
7 _____ 8 _____ 9 _____ 10 _____ 11 _____ 12 _____

8d Termina la lettura. Poi, con un compagno, scegli un argomento e presentalo alla classe.

Un po' di storia

Il contorno più comune è l'insalata verde, come lattuga, indivia, cicoria o rucola. Gli antichi Romani la chiamavano *acetaria* perché la condivano con molto aceto. Nel medioevo, l'*acetaria* diventa *insalata*, perché era "in salata", cioè condita con il sale. La tipica insalata verde è preparata con olio d'oliva, aceto bianco (di vino o mele) e sale. Esistono molte varianti, in base ai gusti personali e alle tradizioni regionali; alcuni aggiungono pepe o peperoncino, o usano l'aceto balsamico o il succo di limone al posto dell'aceto. Le variazioni diventano infinite per le insalate miste: la più diffusa è con carote, pomodori e cipolla. Tra le varianti regionali troviamo l'insalata di arance siciliana, con olive, cipolla, sale, olio e pepe.

L'insalata verde...   Gli antichi romani...
Nel medioevo...   L'insalata mista...

Tutti in cucina!
La caponata

9a Con un compagno: leggete gli ingredienti e descrivete la preparazione di questo contorno. Poi guardate il video e verificate.

Video-ricetta sul sito:
www.elipublishing.org/percorsi-italiani

Ingredienti per 4 persone
- 400 grammi di melanzane
- 200 grammi di peperoni
- 250 grammi di pomodori maturi
- 200 grammi di cipolla
- 200 grammi di zucchine
- 150 grammi di sedano
- 100 grammi di olive verdi denocciolate
- 30 grammi di capperi
- 50 grammi di pinoli
- 80 grammi di uva passa
- 3 cucchiai di olio extra vergine di oliva
- sale, pepe, zucchero
- 1 cucchiaio di aceto di vino bianco
- qualche foglia di basilico

Alla salute!

La caponata ha un gusto molto intenso con una nota agrodolce. È quindi consigliabile un vino rosso profumato e fresco ma anche persistente. Vini consigliati: Syrah o Nero d'Avola (Sicilia) o Sangiovese di Romagna.

5

9b Completa il testo con le parole nel riquadro. Attenzione: ci sono due parole estranee!

| biscotto | funghi | ingredienti | melanzane | pesci | ricetta | servito |

La caponata è un piatto siciliano, tipico delle feste natalizie. Esistono una (1) _____ base e circa 37 varianti, come la "caponatina", simile alla caponata negli (2) _____, ma senza zucchero e simile a una parmigiana. Secondo alcuni la caponata è di origine catalana e la ricetta prevedeva dei (3) _____, tra i quali il "capone". In Spagna troviamo anche la parola "capon", che era un (4) _____, consumato dai marinai. Secondo altri, la parola "caponata" deriva dal termine marinaro "cappone", un sistema per sollevare i carichi pesanti o dal latino "cauponae", le taverne dove questo piatto era sempre pronto per essere (5) _____.

Adattato da www.giallozafferano.it

10a Frutta e verdura entrano in molte espressioni idiomatiche. Ecco alcuni nomi: in gruppi inventate un modo di dire per ogni parola.

1 cipolla _____   3 fagiolo _____
2 peperone _____   4 cavoli _____

10b Ora abbinate ad ogni vero modo di dire il significato giusto.

1 ☐ Vestirsi a cipolla
2 ☐ Diventare rosso come un peperone
3 ☐ Cadere a fagiolo
4 ☐ Entrarci come i cavoli a merenda

A Essere completamente fuori luogo rispetto ad una situazione.
B Arrivare proprio al momento giusto!
C Indossare abiti leggeri e pesanti insieme, per affrontare il caldo o il freddo di una giornata.
D Avere la faccia rossa per timidezza o vergogna.

Il prodotto tipico

L'aceto balsamico di Modena

Tante persone, in tutto il mondo, apprezzano l'aceto balsamico. Di colore scuro, con un gusto lievemente dolce, è tra i condimenti più comuni per le insalate e altri cibi. In realtà, il vero aceto balsamico tradizionale di Modena è un prodotto differente, molto più raro e costoso, con caratteristiche straordinarie. Il comune aceto balsamico è prodotto con aceto normale, più o meno invecchiato, con l'aggiunta di mosto cotto, caramello, aromi e coloranti. L'aceto balsamico tradizionale di Modena, invece, è prodotto attraverso il travaso dell'aceto in botti di grandezza e legno diversi. Il numero delle botti va da 5 a 9. La serie delle botti si chiama "batteria". Le botti non possono mai restare vuote, quindi nella botte più grande si aggiunge sempre mosto cotto per mantenere attiva la lavorazione dell'aceto. Questa lavorazione è molto lenta e lunga e si ottiene il vero aceto balsamico di Modena solo dopo un invecchiamento di 25 anni! Anche per questo il costo del vero aceto balsamico è alto (minimo 400 euro al litro) e le imitazioni sono tante! Il sapore dell'aceto balsamico tradizionale è complesso ed armonico, né troppo acido né troppo dolce, tanto che si può anche gustare da solo. È ottimo con le insalate, la carne e il formaggio, ma anche con le fragole e... il gelato.

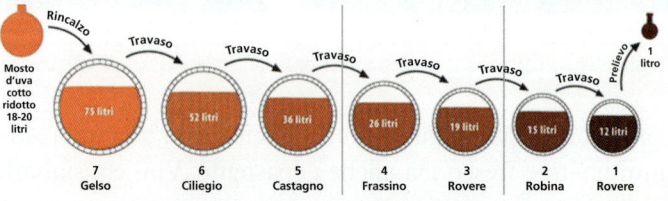

Il gioco delle verdure

Dividetevi in tre squadre, usate un dado e tre pedine per andare avanti nel percorso. Quando siete in una casella seguite le istruzioni e, se la risposta è corretta, al turno successivo tirate il dado. Se sbagliate, saltate un turno.

Percorso 6 — La dolce vita

1 Per tutto il mondo l'Italia è il Paese della "dolce vita". Perché? In piccoli gruppi, scrivete tutto quello che vi viene in mente.

```
       (       )                    (       )
(       )         LA DOLCE VITA           (       )
       (       )                    (       )
```

2 Domanda a 5 compagni che cosa mangiano nelle seguenti situazioni, poi parlatene tutti insieme per trovare i punti in comune e le differenze.

Situazione	1	2	3	4	5
Sei nervoso/a					
Sei innamorato/a					
Hai il cuore spezzato					
Hai fretta					
Hai bisogno di energia					

3a Formate almeno 3 squadre. Ascoltate il dialogo e poi preparate 6 domande. La squadra A fa la domanda alla squadra B, la squadra B alla squadra C e così via. Ogni risposta esatta vale 1 punto. Vince la squadra che ha più punti.

Squadra A: Dov'è Corrado quando telefona alla moglie?
Squadra B: In macchina.
Squadra B: Che giorno è?
Squadra C: Il 14 febbraio, San Valentino!

3b Con un compagno: uno studente è Corrado e l'altro è sua moglie. Corrado va a casa, offre la Nutella alla moglie e... immaginate il dialogo, scegliete un finale positivo o negativo e poi recitatelo alla classe.

3c Ascolta ancora il dialogo, leggi gli esempi e scrivi nella tabella le frasi in cui senti la parola "sì" o "si" con significati diversi.

"Sì" affermativo	"Si" impersonale /passivante	"Si" riflessivo
Sì, sono in macchina.	Che cosa si regala per San Valentino?	... mia moglie si ricorda sempre tutto.

3d Osserva le frasi e completa la regola.

1 Che cosa **si regala** per San Valentino?
Il verbo dopo il "si" impersonale è alla terza persona singolare perché _____.
2 **Si mangia** un dolce al cioccolato.
Il verbo dopo il "si" passivante è alla terza persona singolare perché _____.
3 **Si regalano** i fiori.
Il verbo dopo il "si" passivante è alla terza persona plurale perché _____.

La crema al cioccolato

4 Completa la ricetta coniugando i verbi alla terza persona singolare o plurale.

Ingredienti
- *100 g di nocciole tostate e spellate*
- *200 g di cioccolato fondente*
- *100 g di cioccolato al latte*
- *150 g di zucchero*
- *160 g di latte fresco intero*
- *70 g di burro*

(Tritare) __Si tritano__ le nocciole nel mixer per formare una specie di pasta, (aggiungere) _____ lo zucchero, (mettere) _____ il cioccolato spezzettato e (continuare) _____ a tritare. (Versare) _____ il latte e il burro fuso, poi (impastare) _____, sempre con il mixer, fino a che il composto non è omogeneo. (Trasferire) _____ tutto in una pentola e (cuocere) _____ a bagnomaria senza smettere di mescolare. Quando l'impasto avrà la consistenza giusta, (lasciare) _____ raffreddare e (mettere) _____ in un barattolo.

5a Quali sono i luoghi comuni sulla vita in Italia? Leggi l'esempio e scrivi delle frasi per paragonare la vita in Italia a quella nel tuo Paese.

	In Italia	Nel mio Paese
	In Italia si mangia molta pasta.	Negli Stati Uniti si mangiano molti hamburger.

5b Secondo te, queste idee corrispondono alla realtà? Ci sono luoghi comuni sul tuo Paese che, secondo te, non corrispondono alla realtà? Parlane con i compagni.

I dolci e il caffè

6 Leggi l'inizio dell'articolo, poi con un compagno collegate con una freccia le foto dei dolci a pagina 49 al menù giusto.

Per finire in dolcezza!

Secondo la tradizione italiana, che deriva dalle abitudini alimentari dei contadini, si può concludere un pasto con il formaggio e con la frutta. Però oggi quasi nessuno rinuncerebbe ad un piatto "dolce" finale: il *dessert*. In passato i dolci erano sinonimo di festa e segnavano i principali eventi del calendario cattolico. Ancora oggi per le festività religiose si preparano dolci particolari, ma il consumo di *dessert* è esteso a tutto l'anno. Gli italiani amano la semplicità e quindi sono rare le torte difficili da preparare; si valorizzano ingredienti semplici, stagionali e regionali. Per questo in estate i dolci sono alla frutta fresca, agli agrumi e al miele, mentre in inverno sono alla frutta secca e candita; in autunno sono tipici i dolci fatti con le castagne e con il mosto (il succo d'uva fermentato per fare il vino), in primavera sono comuni quelli con i formaggi freschi, ad esempio la ricotta.

Crostata di fragole

Budino all'uva

Fonduta di cioccolato

Semifreddo al limone

Menù di primavera
Mezzemaniche con zucchine
Fagottini di agnello
Fagiolini agli agrumi

Menù d'estate
Insalata di riso
Spiedini di gamberi
Insalata di farro e orzo

Menù d'autunno
Tagliatelle ai funghi
Involtini di vitello con speck e provola
Insalata di rucola al profumo di menta

Menù d'inverno
Minestrone di patate e verdure
Brasato al Barolo
Broccoli all'acciuga

7 Continua la lettura.

Dolce Italia...

Da Nord a Sud cambiano gli ingredienti e le preparazioni: le castagne, le nocciole e le mele identificano molti dolci del settentrione, mentre le mandorle, la ricotta e i pistacchi sono ingredienti per tante ricette meridionali. Al Nord si usano il burro e la panna, mentre al Sud è più comune l'olio. Sono molte le influenze delle culture straniere nelle zone di confine della penisola: lo strudel è il dolce più popolare in Trentino Alto Adige e in Friuli Venezia Giulia; in Sicilia invece è il marzapane, di origine araba. La geografia dei dolci italiani è molto varia, si possono ricordare: il cioccolato Gianduia e gli amaretti del Piemonte, il panettone e la sbrisolona della Lombardia, il pandoro veneto, i biscotti cantucci ed il panforte della Toscana, i Baci Perugina umbri, i maritozzi con la panna del Lazio, i confetti abruzzesi, le sfogliatelle, i babà al rum e la torta pastiera della Campania, i cannoli, la cassata e la granita in Sicilia. Sono incerte le origini del tiramisù, che possiamo trovare praticamente in tutta Italia. Ma qual è il dolce preferito dagli italiani? È il gelato, seguito dalla cioccolata e dalla torta di mele.

8 Questi dolci, molto diffusi in Italia, hanno avuto origine in altre nazioni. Abbina ogni dolce alla nazione giusta.

1 Austria e Germania
2 Francia
3 Austria
4 Turchia
5 Spagna
6 Paesi arabi

A ☐ crema catalana   B ☐ amaretti   C ☐ bavarese   D ☐ cassata siciliana

E ☐ bomboloni o Krapfen   F ☐ torta Sacher   G ☐ crêpes   H ☐ strudel di mele

Culture a confronto

Rispondi alle domande con un compagno.
- Quali sono i dolci più comuni nel tuo Paese? E qual è il tuo preferito?
- Il tuo Paese è famoso per un dolce in particolare?
- Nel tuo Paese esiste la tradizione del caffè?
- Quali differenze ci sono tra il caffè che si beve normalmente nel tuo Paese e quello italiano?

6

9a Termina la lettura... con un buon caffè!

Prendi un caffè?

Dopo il dolce, è tradizione terminare il pasto con un caffè, simbolo della nostra identità gastronomica. Gli italiani prendono 2-3 caffè al giorno: il 69% lo beve sempre al mattino, il 53% anche dopo pranzo. Il caffè rispecchia uno stile di vita, è un momento di piacere durante la giornata, una breve pausa dai ritmi di lavoro o di studio. Per molti italiani il vero caffè è quello fatto in casa, con la moka; per altri invece è quello servito al bar. Si tratta di un piacere intenso, concentrato in pochi sorsi. L'espresso del bar infatti riesce ad estrarre più gusto e meno caffeina da una quantità di caffè più piccola di quella della moka. Inoltre l'espresso italiano ha un gusto ed un retrogusto molto persistenti, ricchi di note aromatiche che lo rendono unico. Circa la metà degli italiani addolcisce il caffè con lo zucchero, ma il 35% lo preferisce amaro. Solo così, dicono gli esperti, se ne possono gustare al meglio le caratteristiche.

9b Con un compagno... imparate a fare il caffè con la moka! Mettete in ordine le istruzioni. Attenzione! Ci sono delle informazioni sbagliate che dovete eliminare.

- [ ] A Prima che il caffè sia completamente uscito, togliete la caffettiera dal fuoco.
- [ ] B Mescolate il caffè all'interno della moka e servitelo.
- [1] C Riempite di acqua la caldaia fino al livello della valvola di sicurezza.
- [ ] D Aspettate che l'acqua sia completamente ferma all'interno della caldaia.
- [ ] E Mentre il caffè esce cantate la canzone "Il caffè della Peppina".
- [ ] F Appena il caffè comincia ad uscire, alzate immediatamente il coperchio per evitare che la condensa del vapore ricada all'interno.
- [ ] G Riempite il filtro generosamente, senza premere la polvere di caffè.
- [ ] H Chiudete la caffettiera ben stretta e mettetela su un fuoco basso.

9c Con un compagno: abbinate i nomi dei vari tipi di caffè alle descrizioni.

1. ☐ espresso
2. ☐ decaffeinato
3. ☐ lungo
4. ☐ shakerato
5. ☐ ristretto o corto
6. ☐ marocchino
7. ☐ macchiato
8. ☐ corretto

A caffè con una piccola quantità di bevanda alcolica
B caffè con un po' di latte freddo o caldo
C caffè espresso con crema di latte e cacao
D caffè senza niente: si prende al bar quando si chiede: "Un caffè, per favore!"
E caffè senza caffeina
F caffè con più caffeina, si prepara con più acqua
G caffè freddo con ghiaccio
H caffè molto concentrato con pochissima acqua, a volte solo un sorso

Sai che...?

I fondi del caffè sono... ecologici! Puoi riutilizzarli in molti modi. Per esempio, eliminano i cattivi odori: puoi metterli con un po' d'acqua in un diffusore per ambienti (quelli con la candelina sotto), puoi metterli in una tazza per profumare il frigorifero oppure, dopo che hai cucinato, puoi strofinarti le mani per togliere l'odore di pesce o aglio.

Tutti in cucina!
Il tiramisù

10a È uno tra i dolci più amati e famosi nel mondo. In piccoli gruppi, guardate le foto e provate a scrivere gli ingredienti e la ricetta. Vince il gruppo che si avvicina di più alla ricetta originale!

Ingredienti per 8 persone
- 500 g di _____
- 6 _____
- 100 g di _____
- 350 g di _____
- 6 tazzine di _____
- 30 g di _____

Preparazione
_____
_____
_____
_____
_____

10b ▶ Guardate il video della preparazione del tiramisù. Girate il libro, completate la lista degli ingredienti e mettete la preparazione nell'ordine giusto.

Ingredienti per 8 persone
- 500 g di mascarpone
- 6 uova
- 100 g di zucchero semolato
- 350 g di _____
- 6 tazzine di caffè
- 30 g di cacao in polvere

Video-ricetta sul sito:
www.elipublishing.org/percorsi-italiani

A ☐ Ora procedete alla composizione del dolce: alternate uno strato di biscotti leggermente imbevuti nel caffè, uno strato di crema di mascarpone ed una spolverata di cacao. Procedete così fino alla fine degli ingredienti.

B ☐ In una ciotola montate i tuorli delle uova insieme allo zucchero con una frusta, fino ad ottenere un composto chiaro e cremoso.

C ☐ Decorate il dolce con una spolverata di cacao e mettete in frigorifero per almeno 2 ore prima di servirlo.

D ☐ Montate gli albumi a neve ben ferma ed uniteli alla crema di mascarpone mescolando dal basso verso l'alto.

E ☒ [1] Per prima cosa preparate il caffè, zuccheratelo e versatelo in una ciotola per farlo intiepidire.

F ☐ In un'altra ciotola lavorate il mascarpone con un cucchiaio di legno, fino a quando sarà morbido, e poi aggiungete il composto di uova e zucchero. Mescolate fino a quando la crema non appare amalgamata e spumosa.

Alla salute!

Un vino normale non può tenere il confronto con la dolcezza e l'intensità del tiramisù. È necessario, quindi, un vino dolce, da dessert, e le bollicine di uno spumante puliscono la bocca dalla cremosità del dolce. Vino consigliato: Moscato d'Asti.

10c La parola "tiramisù" è composta da 3 parti: "tira" (dal verbo "tirare"), "mi" e "su". Perché questo dolce si chiama così, secondo te? Parla con i tuoi compagni e confrontate le vostre ipotesi.

10d Ora leggi il testo e scrivi ogni titolo al posto giusto.

Energia da gustare   Un nobile omaggio   Un dolce Risorgimento

La storia del tiramisù

Le origini del tiramisù sono molto incerte, ma esistono leggende diverse che provengono da tre regioni: Toscana, Piemonte e Veneto. Leggiamole insieme.

1 _____
Nel XVII secolo il Granduca di Toscana Cosimo III de' Medici andò in visita a Siena per alcuni giorni. I pasticceri senesi decisero di creare un dolce gustoso, ma fatto con ingredienti semplici e, soprattutto, molto goloso perché Cosimo amava i dolci. Inizialmente il dolce fu chiamato "zuppa del duca" in onore del Granduca Cosimo, che portò la ricetta a Firenze, facendola conoscere in tutta Italia.

2 _____
Il conte di Cavour era molto stanco e provato dai suoi tentativi di unificare l'Italia, così un pasticcere di Torino creò il tiramisù, un dolce che doveva aiutare Camillo Benso a "tirare su il morale".

3 _____
Il tiramisù nacque nel ristorante di Treviso "El Toulà": era servito per dare più passione agli innamorati!

10e Con un compagno: scegliete una situazione, seguite le indicazioni, inventate un dialogo e recitatelo alla classe.

Cosimo III e il pasticcere senese

Il pasticcere: hai preparato un dolce buonissimo per il Granduca Cosimo, ora lui vuole la ricetta, ma tu non vuoi dargliela!

Cosimo III: a Siena hai mangiato un dolce buonissimo, ma il pasticcere non vuole darti la ricetta! Chi crede di essere?!

Camillo Benso di Cavour e il pasticcere

Il pasticcere: hai preparato un dolce per rallegrare Camillo Benso di Cavour. Vai a casa sua per portarglielo. Sei orgoglioso e contento di te!

Cavour: un pasticcere ti porta un dolce, ma non sa che sei allergico alle uova...

Cliente innamorato e cuoco di "El Toulà"

Il cuoco: hai inventato un dolce fantastico che piace a tutti i giovani innamorati di Treviso.

Il cliente: hai mangiato tanto tiramisù, ma la donna che ami non vuole sapere niente di te! Vai a protestare.

Il prodotto tipico

Il gelato

Ogni italiano ne mangia in media 6 Kg all'anno e per il 74% della popolazione è comune consumarlo anche fuori dalla stagione estiva, come spuntino pomeridiano (55%) o dopo cena (47%): parliamo del gelato, il dolce preferito dagli italiani.

L'abitudine di mescolare ghiaccio e neve con succhi e frutta fresca è molto antica e diffusa in diverse culture del mondo, ma l'invenzione del gelato come oggi lo intendiamo è tutta italiana. Forse il primo gelato fu creato già nel XVI secolo alla corte dei Medici a Firenze, ma fu Francesco Procopio de' Coltelli, un cuoco siciliano, a perfezionare la rudimentale macchina che riusciva a "gelare" gli ingredienti, per mezzo di una centrifuga riempita di ghiaccio e sale. Grazie alla prodigiosa macchina, il cuoco aprì la prima gelateria del mondo a Parigi, ottenendo un successo clamoroso. I miglioramenti della ricetta e la grande diffusione del prodotto sono avvenuti in Sicilia, dove il clima caldo, la neve dell'Etna, la diffusione dei succhi degli agrumi e la tradizione araba di usare lo zucchero di canna sono stati elementi determinanti per ottenere il gelato che oggi conosciamo.

Oggi l'Italia è l'unico Paese al mondo dove si mangiano più gelati artigianali che industriali. Il gelato artigianale italiano è preparato con ingredienti di ottima qualità, contiene meno grassi e meno aria di quello industriale e ha una cremosità inimitabile. Esistono in commercio tantissimi gusti ed ogni anno arrivano novità sorprendenti, ma gli italiani preferiscono i gusti tradizionali. Una recente statistica afferma che il gusto preferito è il cioccolato (27%), seguito dalla nocciola (20%), dal limone (13%) e dalla fragola (12%)... i classici non tramontano mai!

11 **Rispondi oralmente alle domande.**

1. Nel tuo Paese si mangia molto gelato? In quali mesi e stagioni? E in quale momento della giornata?
2. Hai mai mangiato un gelato in Italia? Come era rispetto a quello che mangi di solito nel tuo Paese?
3. Quali sono i tuoi gusti preferiti? Preferisci mangiare il gelato al cono o in una coppa?
4. In Italia alcuni dei gusti più innovativi e sorprendenti sono quelli al gorgonzola, al vino, alla pizza, all'aglio, al pesto ecc. Quale di questi ti piacerebbe provare? E quali non mangeresti mai?
5. Immagina di essere un famoso gelataio italiano: quale gusto ti piacerebbe inventare?

Percorso 7
Viva Napoli!

1 Le foto mostrano diversi elementi di una tipica pizzeria italiana. Guarda le foto e rispondi alle domande.

1. Hai notato qualcosa di diverso rispetto ad una tipica pizzeria del tuo Paese?
2. Cosa sai della pizza italiana? Scrivi tutto quello che ti viene in mente e poi parlane con i tuoi compagni.

PIZZA

2a Tre amici sono in pizzeria. Ascolta il dialogo e completa la tabella con le informazioni che senti.

	Daniela	Riccardo	Stefano
Pizza			
Calcio			
Politica			
Carattere			

2b Il giorno dopo Daniela telefona a Riccardo per sapere cosa è successo quando lei è andata via. Con un compagno: scegliete un finale positivo o negativo, poi scrivete il dialogo e recitatelo alla classe.

2c Ascolta ancora il dialogo, scrivi gli aggettivi usati dai protagonisti per descrivere la pizza e i loro contrari, poi aggiungi altri aggettivi per te giusti.

Aggettivi	Contrari
ricca	semplice

2d Il dialogo tra Daniela, Riccardo e Stefano contiene queste parole. Cancella quelle che non sono verbi all'imperativo.

smettetela   sentite   pagatela   glielo   sentilo   dimmi   vorrete
guardatela   eccolo   prendo   sai   scusate   datevi   chiedervi   mangiatela

2e Forme di imperativo pronominale. Scrivi i verbi all'imperativo dell'attività 2d e completa la tabella.

Verbo	Infinito	Pronome soggetto	Pronome oggetto
Smettetela!	sentire	voi	la
Sentite!			

2f Leggi il dialogo al telefono fra Daniela e Riccardo il giorno successivo alla serata in pizzeria e completalo con l'imperativo pronominale.

Daniela: Ciao Riccardo! (Tu, scusare, me) (1) _____, ma... come è andata a finire ieri sera con Stefano? (Tu, raccontare, a me) (2) _____!

Riccardo: Abbiamo litigato così tanto, che sono arrivati i carabinieri!

Daniela: Oddio... ma che dici?!

Riccardo: Ci sei cascata! Non è vero! Al contrario, ci siamo proprio divertiti!

Daniela: Davvero? Bene! (Tu, spiegare, a me) (3) _____ cosa è successo!

Riccardo: Abbiamo continuato a parlare di cibo e abbiamo trovato parecchi punti in comune!

Daniela: Per esempio?

Riccardo: Come dolce abbiamo ordinato tutti e due il tiramisù.

Daniela: Beh... qualcosa in comune lo avete...

Riccardo: Qualcosa? (Tu, lasciare, me) (4) _____ finire! Abbiamo ordinato anche lo stesso caffè, ristretto e senza zucchero!

Daniela: Sorprendente! Ma non (tu, dire, a me) (5) _____ che avete superato anche le vostre differenze calcistiche e politiche!

Riccardo: No, ma nessuno è perfetto!

Daniela: Insomma, alla fine la serata è andata bene?

Riccardo: Benissimo! Anzi, domani sera usciamo di nuovo. Infatti abbiamo anche un'altra cosa in comune...

Daniela: (tu, fare, a me) (6) _____ indovinare: la musica!

Riccardo: Ma no, le nostre fidanzate ci hanno lasciato da poco e ora siamo tutti e due *single*!

3 Con un compagno: lo studente A è un italiano convinto che la cucina italiana sia la migliore del mondo. Lo studente B discute con lui per convincerlo che anche la cucina del suo Paese è buonissima. Usate i verbi all'imperativo pronominale.

7

La pizza

4 Leggi le domande e segna la risposta, secondo te, giusta.

1. Qual è il cibo che gli italiani mangiano più spesso?
   A ☐ la pizza   B ☐ la pasta   C ☐ il riso   D ☐ la bistecca
2. Quante pizze sono riconosciute e tutelate dallo Stato Italiano?
   A ☐ 10   B ☐ 1   C ☐ 3   D ☐ 25
3. Gli italiani di solito mangiano la pizza...
   A ☐ a colazione   B ☐ a pranzo   C ☐ a cena   D ☐ come spuntino

5a Leggi l'inizio dell'articolo.

Buona, la pizza!

La pizza è la regina della gastronomia italiana! Si mangia meno spesso della pasta, il piatto più comune e diffuso, ma la pizza rappresenta il piatto che identifica meglio i gusti dell'Italia intera. Rispetto a tanti altri cibi tradizionali della Penisola, la pizza è forse quello che si mangia più volentieri fuori casa. È perfetta "al taglio" o "a spicchi" per uno spuntino durante il giorno, oppure "al piatto" per una cena con la famiglia, ma è l'ideale anche come pasto notturno da consumare con gli amici dopo una serata divertente. Il suo successo universale non nasce solo dal fatto che la pizza italiana presenta una combinazione unica di gusto, semplicità e leggerezza; la pizza è anche un cibo economico, da mangiare informalmente con le mani, che tutti possono preparare con pochissimi ingredienti di base ed infiniti condimenti, ma che solo pochi esperti riescono a trasformare in un capolavoro gastronomico.

5b Ora abbina le definizioni alle foto.

1. pizza al metro
2. pizza al piatto
3. uno spicchio di pizza
4. un trancio/pezzo di pizza
5. pizza farcita

A ☐   B ☐

C ☐   D ☐   E ☐

5c Con un compagno: scrivi i motivi del successo della pizza in Italia.

Dove	Quando	Caratteristiche
fuori casa / a casa		
		economica
	di notte	

5d Continua a leggere, poi metti le immagini in ordine cronologico.

Una pizza dopo l'altra

Napoli è la protagonista dell'arte della pizza: in questa città anticamente era diffusa la tradizione di mangiare una focaccia rotonda (una specie di pane sottile) come tipico cibo da strada. Nell'ottocento si iniziò ad utilizzare il pomodoro e l'olio d'oliva, fino alla nascita della pizza Marinara (con pomodoro, olio, aglio e origano) e della celebre Margherita: ideata dal fornaio Raffaele Esposito, questa pizza era "tricolore" come la bandiera del giovane Stato italiano, per la presenza del rosso del pomodoro, del bianco della mozzarella e del verde del basilico. Con questa creazione Raffaele Esposito voleva rendere omaggio alla Regina Margherita, moglie del Re d'Italia Umberto I, in visita a Napoli nel 1889. La storia racconta che la Regina fu così sorpresa dal gusto straordinario di questa nuova pizza che, da quel momento, questa prese il nome della regina: Margherita.

A ☐   B ☐   C ☐   D ☐

5e Formate piccoli gruppi e proponete alla classe un piatto tricolore (esistente o inventato). Alla fine tutti insieme votate i piatti migliori e decidete il gruppo vincitore!

5f Continua la lettura, poi scrivi i nomi che hai letto nel "gruppo" giusto.

Quante pizze!

Oggi esistono tantissime pizze, più sottili e croccanti nel Centro e Nord Italia, o più spesse e morbide secondo la tradizione napoletana. Esistono anche i calzoni e i panzerotti, che sono una specie di pizza ripiegata e chiusa con i condimenti all'interno. Ci sono poi la crescia, la torta al testo e le focacce, semplici pizze salate che si tagliano a metà e si farciscono con salumi, formaggio o verdure, fino alle schiacciate e alle famose piadine romagnole.

1 _____ 2 _____ 3 _____

5g Continua la lettura, poi segna le foto che non corrispondono alla preparazione della vera pizza margherita e spiega perché.

La regina delle pizze

L'unica pizza certificata dallo Stato italiano e dall'Europa è quella napoletana, che deve presentare un bordo esterno più alto ed il centro sottile, l'impasto non deve contenere grassi, la lavorazione a mano deve avvenire sul marmo e la cottura deve essere fatta in un forno a legna. La vera pizza margherita deve essere condita con salsa di pomodoro San Marzano, olio extra vergine d'oliva, mozzarella di bufala o fior di latte e basilico freschissimo.

 A  B  C  D  E  F

5h Termina la lettura e inserisci i numeri al posto giusto nel testo.

| 200 | 4 | 13 | 25.000 | 7,5 |

La pizza nel mondo

Gli italiani l'hanno inventata, ma non sono i più grandi mangiatori di pizza al mondo. Questo record appartiene agli statunitensi che mangiano in media _____ kg di pizza all'anno. Gli italiani sono al secondo posto (7,6 kg), seguiti dai canadesi (_____ kg), dagli spagnoli (4,3 kg), dai francesi e dai tedeschi (4,2 kg) e dagli inglesi (4 kg). L'impasto di una pizza media in Italia pesa circa 150/_____ grammi, quindi gli italiani mangiano quasi _____ pizze al mese, cioè una alla settimana! Le pizzerie in Italia sono circa _____, escluse quelle al taglio. Gli italiani che mangiano la pizza in casa preferiscono generalmente ordinarla in pizzeria e andare a prenderla; meno comune è la consegna a domicilio.

Alla salute!

La bevanda che spesso accompagna la pizza in Italia è la birra, ma il vino offre abbinamenti migliori con i condimenti della pizza: un vino bianco sapido, acido e fruttato è l'ideale con la pizza al pomodoro e alla mozzarella di bufala; i vini rosati o rossi giovani e profumati si combinano bene con le pizze bianche al prosciutto e ai formaggi stagionati.
Vini consigliati: Verdicchio dei Castelli di Jesi, Prosecco di Conegliano, Negramaro.

Sai che...?

Secondo i sondaggi, le pizze preferite dagli italiani sono: la pizza margherita, la pizza "vegetariana", cioè condita con verdure, e quella "prosciutto e funghi".

Tutti in cucina!
La pizza margherita

6a Metti in ordine le foto della ricetta, poi scrivi la preparazione. Non dimenticare di usare l'imperativo e i pronomi!

Ingredienti
- Acqua (circa 600 ml)
- Farina (1 chilo)
- Lievito di birra (50 grammi)
- Olio d'oliva (6 cucchiai)
- Sale (20 grammi)
- Zucchero (2 cucchiaini)
- Salsa di pomodoro
- Mozzarella, basilico

 A
 B
 C
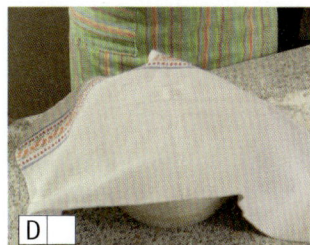 D
 E
 F
 G
 H
 I

Video-ricetta sul sito:
www.elipublishing.org/percorsi-italiani

6b Ora guarda il video, controlla la preparazione e correggi la tua ricetta.

7 Quali di questi condimenti, secondo te, sono impossibili per una vera pizza italiana?

A ☐ pizza con pomodoro, aglio e origano
B ☐ pizza con pomodoro, mozzarella e pesce
C ☐ pizza con crema, pere e nutella
D ☐ pizza con pomodoro, mozzarella e verdure
E ☐ pizza con mozzarella, salsiccia e cipolla
F ☐ pizza con pomodoro, mozzarella e carne

8 Dividetevi in piccoli gruppi. Ogni gruppo deve scegliere una pizza per l'insegnante, decidendo quali ingredienti mettere sopra. L'insegnante sceglierà la sua pizza preferita e vincerà il gruppo che l'ha preparata. Per scegliere il condimento intervistate l'insegnante sui suoi gusti, senza nominare nessun ingrediente. Ogni gruppo può fare 3 domande:

1 *Sei vegetariano/a?*   2 _____   3 _____

9 Abbina ogni pizza italiana ai suoi ingredienti.

1 ☐ diavola   A pomodoro, mozzarella e verdure
2 ☐ marinara   B mozzarella, gorgonzola, provola e fontina
3 ☐ mari e monti   C pomodoro, mozzarella e salame piccante
4 ☐ ortolana   D pomodoro, mozzarella, funghi, olive, carciofini e prosciutto
5 ☐ capricciosa   E pomodoro, aglio e origano
6 ☐ quattro formaggi F pomodoro, mozzarella, frutti di mare e funghi

7

10a Molte espressioni idiomatiche italiane contengono la parola "pizza" o... i suoi ingredienti. Abbina la frase all'immagine giusta.

1. ☐ Che pizza!
2. ☐ Essere una mozzarella.
3. ☐ Non è mica pizza e fichi!
4. ☐ Crescere come i funghi.

A B  C  D

10b Con un compagno, provate a spiegare i modi di dire dell'esercizio 10a.

1. _____
2. _____
3. _____
4. _____

10c Con un compagno: scegliete una situazione, usate i suggerimenti e inventate un dialogo usando le espressioni idiomatiche dell'esercizio 10a.

1 case – campagna – 20 anni fa

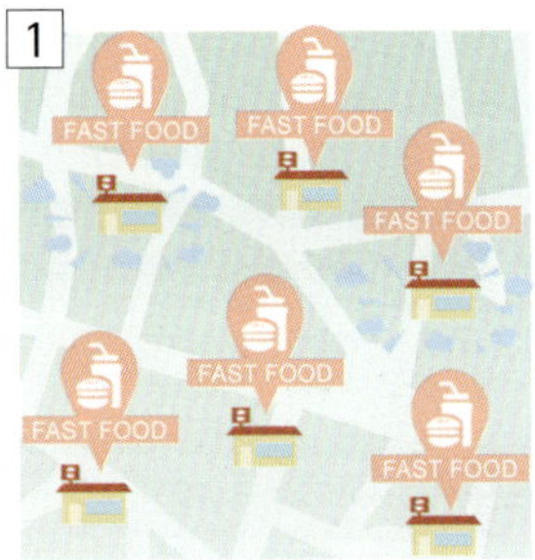

2 abito nuovo – festa – amiche

3 conferenza – noia – storia romana

4 crema solare – raggi del sole – genitori

11a La ricetta per fare la pizza è simile a quella per fare il pane. In Italia esistono circa 300 tipi di pane diversi. Ecco alcune espressioni idiomatiche sul pane. Completale.

1. ☐ Dire pane al pane...
2. ☐ Essere pane...
3. ☐ Andare via...
4. ☐ Essere un pezzo...

A come il pane
B e vino al vino
C di pane
D e cacio

11b Ora scegli il significato corretto di ogni espressione idiomatica.

1. A ☐ parlare in modo semplice
   B ☐ parlare in modo diretto
   C ☐ parlare lentamente

2. A ☐ essere una persona buona ma dura
   B ☐ andare molto d'accordo con qualcuno
   C ☐ essere persone molto semplici

3. A ☐ essere molto popolari e richiesti
   B ☐ andare via senza salutare
   C ☐ andare via in modo silenzioso

4. A ☐ non avere alcun valore
   B ☐ essere sempre presenti
   C ☐ essere persone molto buone

Il prodotto tipico

La mozzarella di bufala

La mozzarella è uno dei formaggi più famosi del mondo. La qualità più pregiata di mozzarella (l'unica protetta con il marchio di qualità DOP) deriva esclusivamente dal latte di Bufala Campana. Con 100 litri di latte si possono produrre 24 kg di mozzarella (il doppio di una mucca normale), 6 kg di burro e 4 kg di ricotta!

Il nome "mozzarella" deriva dall'antico gesto di "mozzatura", cioè il "taglio" ripetuto con pollice ed indice di una lunga massa filante di formaggio, per formare le piccole sfere. Per la prima volta il nome è riportato in un documento del 1570, ma l'origine di questo formaggio freschissimo risale probabilmente già al XII secolo nelle pianure intorno a Napoli.

La Mozzarella di Bufala DOP presenta un caratteristico colore bianco simile alla porcellana, ha una sottile parte esterna leggermente più compatta ed un profumo delicato; quando la tagliamo esce un po' di latte e l'interno mostra una struttura più filamentosa, formata da diversi strati. Le mozzarelle generiche sono invece più sode e non mostrano differenze tra la parte esterna ed interna.

Se volete preparare la pizza in casa, dovete sapere che la mozzarella comune contiene molta acqua (circa il 25%) che può uscire durante la cottura e bagnare l'impasto. Si consiglia quindi di tritare e far scolare la mozzarella prima di metterla sulla pizza.

Altri famosi piatti con la mozzarella sono:

Caprese — Parmigiana di melanzane — Mozzarella in carrozza — Arancini di riso

12 Rispondi alle domande.

1. Hai mai mangiato uno di questi piatti? Se sì, ti è piaciuto? Se no, quale vorresti mangiare?
2. Secondo te, per quali periodi dell'anno sono adatti? E per quali momenti della giornata?
3. Scegli uno dei quattro piatti, cerca la ricetta su Internet, poi trova un compagno che ha scelto una ricetta diversa e a turno spiegate il procedimento.

Culture a confronto

- Com'è la pizza nel tuo Paese? Quali sono i condimenti più comuni?
- Esiste nel tuo Paese un piatto tradizionale che è simile alla pizza? Come si chiama? E quali sono gli ingredienti?

Percorso 8 — Mangiando... in giro

1 Guarda le foto e dai un punteggio da 1 a 5 (1 è il più basso e 5 il più alto) ai vari parametri di valutazione del cibo da strada e da ristorante. Tu quale preferisci? Perché? Ci sono differenze rispetto al tuo Paese?

	1	2	3	4	5
Qualità del cibo					
Originalità del cibo					
Prezzo					
Comodità					
Igiene					

	1	2	3	4	5
Qualità del cibo					
Originalità del cibo					
Prezzo					
Comodità					
Igiene					

2a 🎧 Ascolta il dialogo e scrivi la domanda o la risposta.

1 _____?
  Perché Caterina deve andare alla lezione di musica.
2 Il nonno conosce bene le strade di Genova? Perché?
  _____
3 _____?
  Il cibo italiano.
4 Cosa faceva il nonno da giovane, quando si perdeva per strada?
  _____
5 _____?
  Perché non saprebbe usarlo.

2b 🎧 Condizionale presente e passato. Ascolta di nuovo il dialogo e scrivi tutti i verbi al condizionale presente e passato che senti.

Condizionale presente	Condizionale passato

3 Guarda questi cibi italiani... un po' insoliti. Quale di questi mangeresti e quale no? Perché? Nel tuo Paese c'è qualcosa di simile?

Cibreo
Tipico secondo piatto fiorentino che contiene, tra le altre cose, il cuore e la cresta del gallo.

Casu Marzu - Tipico formaggio sardo che si produce grazie alla colonizzazione delle larve della mosca nel formaggio.

Sanguinaccio - Prelibato dolce fatto con il sangue di maiale e il cioccolato.

4 Leggi i seguenti titoli di notizie reali che sono apparse sui giornali. Tu cosa avresti fatto in queste situazioni?

Panini... al volo
Un'impresa di Melbourne consegna i panini lanciandoli attaccati a un paracadute. I panini volanti entrano dalla finestra e... buon appetito!

Al fuoco!
In un ristorante del Lincolnshire (Inghilterra) il cuoco sostiene di cucinare le cosce di pollo più piccanti del mondo. Quando le cucina deve indossare una maschera antigas!

Cibo... da schifo
In un ristorante di Hong Kong si mangia talmente male, che è sempre pieno di clienti curiosi che si sfidano a finire i cattivissimi piatti.

5 Rispondi alle domande.

1 Conosci qualche cibo italiano che si mangia in strada? Quale?
2 Secondo te il cibo da strada è di qualità peggiore o migliore di quello dei ristoranti?
3 Mangiare in strada ti sembra più una cosa per giovani o per "adulti"? Perché?

8

Il cibo da strada

6a Leggi l'inizio dell'articolo, poi guarda le quattro immagini e segna quella che, secondo te, rappresenta meglio le "taverne" di Pompei. Spiega perché.

Le taverne di Pompei

Può sembrare una nuova moda, ma è esattamente il contrario: la grande popolarità del cibo da strada ha infatti origini antichissime. Nella maggioranza dei casi gli antichi romani mangiavano in piedi e velocemente davanti all'ingresso delle "taverne", simile ai bar di oggi, con un grande bancone di pietra, anfore per il vino e un fuoco per cuocere i cibi. Nella città di Pompei ne esistevano 118, di cui 20 nella sola via principale, chiamata Via dell'Abbondanza. Lo scrittore Marziale racconta la soddisfazione per una nuova legge, introdotta nel I secolo d.C., che regolava gli spazi e i modi del commercio del cibo e delle bevande, tanto caotico da rendere il passaggio nelle vie di Roma quasi impossibile.

6b Continua la lettura, poi scrivi sotto ad ogni foto a pagina 65 il nome del panino.

Panini e... fantasia

Dalle lontane origini ai giorni di oggi, i cibi da strada sono spesso quelli con gli ingredienti più poveri e semplici, legati a tradizioni antiche e alle usanze popolari. I loro sapori sono, però, intensi e irresistibili: un vero piacere per gli appassionati di gastronomia. Il cibo da strada più classico e famoso è ovviamente la pizza, in tutte le sue varianti regionali, come le focacce, le schiacciate, le piadine e i panzerotti ripieni, anche se esiste da sempre un autorevole rivale: il panino! Quali sono i più

Gina Lollobrigida e Vittorio De Sica in "Pane, amore e fantasia".

celebri e gustosi? Quello con la mortadella di Bologna, tagliata rigorosamente a fette sottilissime; il Lampredotto di Firenze, fatto con lo stomaco del bovino, con salsa verde e piccante, infine bagnato con il brodo; i due panini più famosi di Palermo, con la milza o con le panelle di ceci fritte e crocché; il panino con la porchetta di maiale, tradizione di tutto il centro Italia; il panino con la ricotta a Napoli, i cicchetti veneziani fatti da fette di pane con sopra tantissimi ingredienti sia di mare che di terra e, infine, il panino con il prosciutto cotto, tradizione che da Milano è passata a tutto il resto d'Italia. Il panino è ancora oggi il cibo più amato per interrompere il digiuno tra un pasto e l'altro. È indimenticabile la scena di un famoso film di Luigi Comencini "Pane, amore e fantasia" del 1953, icona dell'Italia dopo la seconda guerra mondiale, in cui un personaggio, tanto povero quanto ironico, dice di mangiare pane con dentro... la fantasia. Ci sono anche numerose alternative per chi non vuole mangiare il pane: in Puglia sono celebri i taralli, buonissimi biscotti salati con tante varietà di gusto, e le friselle, da bagnare in acqua e mangiare con i pomodori, mentre i grissini, lunghi bastoncini croccanti sono tipici piemontesi.

Panino con la ricotta

6c Continua la lettura, poi scrivi vero (V) o falso (F).

Cibi fritti

Secondo una tradizione comune a tante regioni, numerosi cibi di strada sono fritti. A Napoli si mangia la pizza fritta o anche il "cuoppo", cono di carta con dentro vari tipi di cibi fritti tradizionali; nelle Marche sono famose le olive all'ascolana, ripiene di carne; ci sono gli gnocchi fritti bolognesi o gli "sgabei" (pane fritto) tra Toscana e Liguria; da non perdere i supplì di riso romani o gli arancini

siciliani. Sempre in Sicilia si mangiano i filetti di baccalà fritti, accompagnati dai fiori di zucca. Un po' in tutto il sud Italia sono diffuse le pettole o zeppole: piccole sfere di pasta lievitata sia salate che dolci. Proprio i dolci sono da sempre tra i protagonisti del cibo da strada: imperdibili le "fritole" veneziane nel periodo di Carnevale, o le sfogliatelle calde a Napoli; entrambe si mangiano rigorosamente in strada, in un "cartoccio", il cono di carta usato per tanti cibi.

                                          V   F

1 La pizza fritta napoletana è molto particolare perché la base della pizza contiene carta. ☐ ☐
2 Le olive all'ascolana sono fatte con olive e carne. ☐ ☐
3 Gli gnocchi fritti sono tipici della Toscana e della Liguria. ☐ ☐
4 Le pettole sono salate e le zeppole sono dolci. ☐ ☐
5 Gli sgabei sono a base di pane fritto. ☐ ☐
6 Il cartoccio è una tradizione del periodo di Carnevale. ☐ ☐

8

6d Termina la lettura dell'articolo.

Cibi per tutte le stagioni

In autunno e in inverno si mangiano le caldarroste nel cartoccio, cioè castagne arrostite. In Alto Adige si mangiano i *Krafen*, lo *Strudel* di mele e il tipico *Zelten*, un dolce a base frutta secca, accompagnati da un bicchiere di *vin brulé*, un vino caldo con zucchero e spezie. È sorprendente trovare, fra i cibi da strada tradizionali, anche una versione piemontese del *waffle* belga! Si chiama "gofri", si può mangiare sia dolce che salato ed è preparato con le tradizionali piastre a nido d'ape: è eccellente con la marmellata, con il miele o il cioccolato, ma anche con salame e formaggio! In estate, il cibo da strada preferito è il gelato, non solo in una coppa o nel classico cono, ma anche mangiato con cialde. Molto diffuse anche le fette di cocomero, un ottimo modo per resistere al caldo estivo. A Roma è molto amata la "grattachecca", ghiaccio tritato con succhi di frutta vari sullo stile della granita siciliana.

6e La parola "castagna" è contenuta in vari modi di dire. Abbina i modi di dire al giusto significato.

1. Avere la castagna in bocca.
2. Togliere le castagne dal fuoco.
3. Prendere in castagna.
4. Cercare tre castagne per riccio.

A Fare una buona azione per qualcuno affrontando una situazione pericolosa.
B Pronunciare male le parole.
C Non accontentarsi di un ottimo risultato, chiedere troppo.
D Sorprendere qualcuno che sta facendo una cosa brutta o sbagliata.

Tutti in cucina!
Le olive all'ascolana

7a Prima di prepararle, facciamo la spesa. Leggi le definizioni di utensili e completa il cruciverba.

1 Il più famoso formaggio italiano.
2 Quando la tagli… ti fa piangere.
3 Cucchiaio, forchetta e…
4 Un tubero arancione.
5 Taglia i cibi in pezzetti piccolissimi ed è elettrico.
6 Usare il coltello.
7 Cuocere nell'olio bollente.
8 Si usa per fare pane, pizza, dolci…
9 Nome generico per gallo e galline.
10 Contenitore rotondo per cibi.
11 Le fanno le galline.
12 È un frutto giallo e aspro.
13 Pentola bassa e larga.
14 Può essere piano o fondo.
15 Un animale grasso e rosa.
16 Unire qualcosa a un'altra.

7b Completa la ricetta (ingredienti e preparazione) con le parole dell'esercizio 7a. I verbi devono essere coniugati!

Ingredienti per circa 50 pezzi
- 50 olive grandi, verdi, denocciolate in salamoia
- 50 grammi di carne di manzo
- 50 grammi di carne di (1) _____
- 50 grammi di carne di pollo
- ¼ di cipolla
- un pizzico di noce moscata
- 40 grammi di parmigiano
- scorza grattugiata di mezzo (2) _____
- un pizzico di chiodi di garofano in polvere
- mezza carota piccola
- mezza costa di sedano
- mezzo bicchiere di vino bianco
- 2 uova
- sale, farina, pangrattato (q.b.)
- mezzo litro di olio di oliva o olio di semi

Video-ricetta sul sito:
www.elipublishing.org/percorsi-italiani

Preparazione
Con un (3) _____ tritate le verdure, la (4) _____, la (5) _____ e il sedano, e fatele rosolare con 3 cucchiai d'olio extravergine d'oliva. (6) _____ a dadini i tre tipi di carne, manzo, maiale e (7) _____, e aggiungetele al soffritto. Quando saranno rosolate, salate, (8) _____ il vino bianco e fate evaporare a fuoco lento. Togliete il composto dal fuoco e lasciatelo raffreddare, poi macinatelo nel (9) _____. Mettete il composto in una ciotola, aggiungete un pizzico di chiodi di garofano e di noce moscata, la scorza grattugiata del limone, un uovo, il (10) _____ grattugiato e impastate bene fino ad ottenere un composto morbido ma compatto. Lasciatelo riposare per mezz'ora circa. Ora potete riempire le olive con il ripieno. Mettete in tre (11) _____ la farina, le (12) _____ sbattute e il pangrattato. Passate ogni oliva prima nella (13) _____, poi nell'uovo sbattuto e per ultimo nel pangrattato. Quando saranno tutte pronte, lasciatele riposare al fresco per mezz'ora. A questo punto potete (14) _____ le olive all'ascolana in una (15) _____ con abbondante olio. Quando sono dorate, sgocciolatele e mettetele su un (16) _____ con carta assorbente. Devono essere servite calde.

7c Ora guarda il video e controlla.

Culture a confronto

Rispondi alle domande con un compagno.
- Mangiare il cibo in strada è una tradizione nel tuo Paese o non è molto comune?
- Quali cibi è possibile mangiare nelle strade del tuo Paese?
- Ci sono dei cibi che si possono mangiare solo nelle strade e non nei ristoranti?
- Qual è il tuo cibo da strada preferito?
- Qual è il cibo più strano che hai mangiato durante i tuoi viaggi?

8

8 Scopriamo insieme la storia delle olive all'ascolana. Completa i testi con le parole nel riquadro, poi mettili in ordine cronologico.

| famosi | città | produzione | carne | soldati |

☐ La produzione delle olive ascolane in salamoia è rimasta una preparazione familiare o artigianale fino alla seconda metà dell'Ottocento. Intorno al 1875, Mariano Mazzocchi, ingegnere ascolano, ha avviato un'attività di tipo industriale per la (1) _____ e commercializzazione di questo prodotto.

☐ Alcuni personaggi (2) _____ amavano molto questa ricetta: Gioacchino Rossini, Giacomo Puccini e anche Giuseppe Garibaldi che il 25 gennaio 1849 ha mangiato queste olive proprio ad Ascoli Piceno. Gli sono piaciute così tanto che ha preso alcune piantine di olive e le ha portate a Caprera per coltivarle, ma non ci è riuscito.

[1] Le olive all'ascolana prendono il nome dalla (3) _____ di Ascoli Piceno, nella regione Marche, dove nascono le olive "ascolana tenera", che erano conosciute già in epoca romana.

☐ Sembra che la ricetta delle olive all'ascolana sia nata, però, nel 1800 quando i cuochi che lavoravano nelle famiglie nobili del Piceno hanno trovato un sistema per consumare le grandi quantità di (4) _____ che i contadini dovevano regalare per legge ai loro padroni.

☐ Già nell'antichità, infatti, le olive in salamoia (cioè in acqua e sale) erano considerate un cibo molto nutriente, tanto che i (5) _____ romani avevano sempre con loro un pugno di olive per i momenti più difficili.

Alla salute!

Un modo tradizionale per abbinare il vino al cibo è quello di considerare la provenienza geografica degli ingredienti: le olive all'ascolana hanno un ripieno ideale per un rosso marchigiano di medio corpo, ma la frittura esterna può far preferire un bianco dai buoni profumi e acidità. A voi la scelta fra i due generi! Vini consigliati: Rosso Offida o Rosso Piceno, Pecorino o Passerina.

9 Il verbo "friggere" è contenuto in vari modi di dire. Abbina i modi di dire al giusto significato, poi completa le frasi con il modo di dire giusto e le modifiche necessarie.

1 ☐ andare a farsi friggere   A essere in uno stato di grande impazienza
2 ☐ friggere con l'acqua   B essere insultati da qualcuno, mandati al diavolo
3 ☐ friggere   C essere rovinati, senza più speranza
4 ☐ essere fritti   D fare qualcosa di assurdo e sbagliato
5 ☐ friggersi il cervello   E vecchio, conosciuto da tutti, scontato e banale
6 ☐ fritto e rifritto   F voler risparmiare il più possibile, a tutti i costi

1 Marco è molto nervoso, aspetta il risultato dell'esame e _____!
2 Giulia e Franco si sono lasciati, lo so!!! È una storia _____!
3 Domani c'è l'esame e io non ho studiato niente... _____!
4 Non si può spendere così poco per un matrimonio! Non si _____!
5 Ancora con questa storia?! Ma _____ e non farti più vedere!
6 Hai lasciato la patente a casa?! Ma _____?! Torna subito a prenderla!

10 Con un compagno: scegliete una situazione e inventate un dialogo usando il maggior numero possibile di espressioni con il verbo "friggere". Poi recitatelo alla classe.

La moglie, il marito e la macchina sportiva

Il ladro, la polizia, la cassaforte

Il fidanzato, l'anello, la proposta di matrimonio

Il prodotto tipico

Il pane

Cibo di riferimento per la nutrizione, da sempre icona della dieta mediterranea, è stato la causa di rivoluzioni politiche e sociali, fino a rappresentare significati religiosi e rituali: il pane è probabilmente l'alimento più importante della storia dell'umanità. Ma in Italia i numeri dicono che il consumo è al minimo storico: ai tempi dell'unità d'Italia, nel 1861, ogni italiano mangiava una media di oltre un chilo di pane al giorno, per quello che era il cibo base dell'alimentazione povera del tempo; oggi un italiano mangia in media solo 90 grammi di pane al giorno, per i cambiamenti dello stile di vita e una dieta finalmente più varia.

Il pane rimane, comunque, una presenza fondamentale nella tavola degli italiani (4 persone su 5 lo comprano ogni giorno) e si mangia in modo attento, senza sprechi: si mangia anche il pane avanzato del giorno prima e spesso, quando diventa secco, si usa in diverse ricette, come la "pappa al pomodoro" toscana o si trasforma in pangrattato per friggere.

Le varietà regionali italiane sono moltissime, oltre 300, un vero record mondiale! Al Sud il pane si prepara con la farina di grano duro, quella usata normalmente per la pasta, mentre al Nord esiste pane fatto con il riso; in numerose regioni c'è il pane "giallo" con la farina di mais o quello "nero" dell'area alpina con la farina di segale. E poi il pane con le olive, con il cumino o il sesamo, con

Pane carasau

la zucca o con la farina di castagne, dolce con la frutta secca, le noci e il mosto d'uva, salato o "sciocco/sciapo", parole che significano "senza sale", secondo la tradizione toscana e di altre regioni del centro Italia. Le forme, i profumi e le consistenze sono le più diverse e fantasiose. Qualche esempio? Si va dalla croccante ciabatta alla splendida "coppia" ferrarese, dal gigantesco pane di Altamura e di Matera alle sottilissime sfoglie del pane sardo Carasau, dalla famosa Michetta milanese alla gustosa Pitta calabrese.

11 Rispondi alle domande e confrontati con i tuoi compagni.

1. Nel tuo Paese il pane si consuma abitualmente?
2. Tu mangi il pane ogni giorno? Quanto? Perché?
3. Hai mai mangiato il pane italiano? Come era? Migliore o peggiore di quello che mangi di solito?
4. In una situazione di emergenza, saresti capace di fare il pane? Come lo faresti?

Percorso 9

Tutto in una volta!

1 Che tipo di "mangiatore" sei? L'idea di un piatto unico ti mette tristezza o ti tranquillizza? Cancella tutte le parole che, secondo te, non si associano al piatto unico, poi parlane con i tuoi compagni.

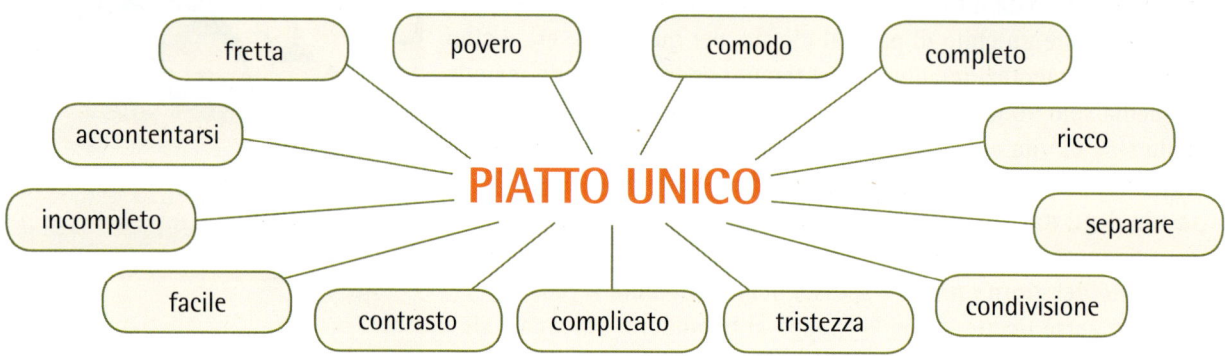

PIATTO UNICO: fretta, povero, comodo, completo, accontentarsi, ricco, incompleto, separare, facile, contrasto, complicato, tristezza, condivisione

2a Prima di ascoltare il dialogo, leggi le affermazioni che si riferiscono alle abitudini gastronomiche italiane. Indica quali sono corrette e quali no, poi spiega il perché e confrontati con i tuoi compagni.

	In Italia...	Corretto	Scorretto
1	Il cappuccino si beve solo la mattina.		
2	La pasta si mangia con il pane.		
3	Tutti mangiano spaghetti con le polpette.		
4	Mettere il *ketchup* sulla pasta è considerato un'assurdità.		
5	La maggior parte dei ristoranti ha tovaglie a scacchi bianchi e rossi.		
6	È normale mettere il formaggio sul pesce.		
7	L'aglio è presente nella maggioranza dei piatti.		
8	La pasta non può mai essere un contorno.		
9	L'acqua è gratuita nella maggior parte dei ristoranti.		
10	È normale chiedere al cameriere l'olio per intingere il pane.		

2b Ora ascolta il dialogo. Scrivi le richieste della turista e i consigli del cameriere.

Richieste	Consigli

2c Trova nelle frasi del dialogo i pronomi relativi "che", "cui" e "chi" e completa la tabella come nell'esempio.

1. Le lascio il menù in cui trova anche le specialità della casa.
2. Mi scusi se mi permetto, ma chi beve il vino con il ghiaccio in Italia è considerato proprio male! Se vuole, le metto la bottiglia in un cesto con il ghiaccio che abbassa la temperatura del vino.
3. La provi, è un piatto che non trova così buono da altre parti...
4. ... lei è liberissima, ma... l'insalata è il piatto con cui terminiamo il pasto, dopo si mangia solo il dolce!
5. Vorrei provare gli strangozzi, di cui ho tanto sentito parlare.
6. Il piatto con cui si inizia è l'antipasto, poi un primo, un secondo, verdura, frutta dolce e caffè.
7. Eccellente! È una decisione di cui non si pentirà!
8. C'è un rito da rispettare e ci sono regole a cui non si può dire di no.

Il pronome relativo	A cosa si riferisce?
1 cui	menù
2	
3	
4	
5	
6	
7	
8	

2d Riascolta il dialogo e leggi il testo dell'ascolto alle pagine 94 e 95. C'è un pronome relativo usato in modo scorretto. Trovalo e spiega perché non va bene. Quale sarebbe quello giusto? Vince chi lo trova per primo.

3a Ecco altri proverbi famosi. Prima completa le spiegazioni con il pronome relativo giusto. Poi abbinale al proverbio. Attenzione! In molti casi devi usare anche le preposizioni!

1. ☐ A caval donato non si guarda in bocca.
2. ☐ A buon intenditor, poche parole.
3. ☐ Can che abbaia, non morde.
4. ☐ Chi semina vento, raccoglie tempesta.
5. ☐ Chi tace, acconsente.
6. ☐ Donne e buoi dei paesi tuoi.
7. ☐A☐ Fare i conti senza l'oste.
8. ☐ Il diavolo fa le pentole, ma non i coperchi.
9. ☐ La lingua batte dove il dente il duole.
10. ☐ Morto un Papa, se ne fa un altro.

A. Decidere qualcosa senza pensare alla volontà della persona _con cui_ si ha a che fare.
B. Il discorso ritorna spesso sulla cosa _____ soffriamo di più.
C. È meglio occuparsi di cose _____ si conoscono bene invece di cercare sempre le novità.
D. Non si deve avere paura _____ usa parole aggressive, perché in genere non è pericoloso.
E. _____ non dice di essere contrario a qualcosa, è d'accordo.
F. _____ fa del male alla fine viene sempre scoperto e punito!
G. Basta poco per spiegare qualcosa _____ vuole capirla.
H. Chi fa del male riceverà un danno peggiore di quello _____ ha causato.
I. Nessuno è insostituibile, neanche _____ sembra unico e fondamentale.
L. Non bisogna mai trovare difetti a una cosa _____ ti è stata regalata.

3b Scrivi sul quaderno 5 proverbi del tuo Paese nella tua lingua poi traducili e spiegali italiano. Sfida un compagno a indovinare il significato di ogni proverbio.

I piatti unici

4 Rispondi alle domande.

- Secondo te ci sono piatti unici nella cucina italiana o sono sempre separati?
- Per te l'abitudine di mangiare un piatto unico è antica o moderna? Perché?
- Preferisci mescolare i cibi tra loro o mangiarli separatamente?
- Che cosa non potresti mai mangiare nello stesso piatto?

5a Leggi l'inizio dell'articolo, poi rispondi vero (V) o falso (F) e correggi le frasi false.

Tutto in un piatto

In molti Paesi il piatto unico rappresenta la scelta preferita, mentre in Italia non è così comune: mangiare un piatto unico, che mette insieme cibi diversi nello stesso piatto, è considerato quasi una strana abitudine esotica. Anche in questo caso, però, la storia ci insegna che l'usanza di mangiare per pranzo o per cena un unico piatto misto, composto da carboidrati e proteine, non solo è tipico della tradizione italiana, ma è stata per secoli l'opzione più diffusa per la grande parte della popolazione. Il servizio all'italiana, che prevede un ordine preciso nel servire in tavola le portate, e che richiede una separazione netta tra i cibi serviti, è nato nelle corti rinascimentali e poi si è evoluto nel tempo, ma sempre come abitudine della società nobile e ricca, mai di quella contadina.

		V	F
1	In Italia non è molto comune mangiare vari cibi nello stesso piatto.	☐	☐
2	Solo nell'Antica Roma si mangiavano piatti unici.	☐	☐
3	Prima del Rinascimento i piatti unici si mangiavano sia a pranzo che a cena.	☐	☐
4	A partire dal Rinascimento tutti gli italiani hanno cominciato a mangiare i cibi separati.	☐	☐

5b Continua la lettura, poi scrivi sotto ad ogni foto dei piatti il nome giusto.

Piatti antichi

Già gli antichi romani mangiavano regolarmente un "piatto unico" chiamato "puls", un misto di farro schiacciato e acqua calda, accompagnato da qualsiasi altro ingrediente disponibile. Nel medioevo in ogni casa di contadini si poteva trovare una specie di zuppa calda, fatta con ingredienti molto poveri, mangiata insieme a un po' di pane. Fino al secolo scorso, prima del grande sviluppo economico degli anni '60, la situazione non era troppo diversa: il pasto era spesso composto da un piatto solo. Il più celebre e diffuso era senza dubbio la polenta, cibo icona dell'emigrazione italiana all'estero, tanto povero e frequente sulla tavola, quanto importante nella memoria dei tanti italiani andati a vivere in tutto il mondo. Gli immigrati non partivano solo per cercare lavoro, ma anche per mangiare a sufficienza; vista la povertà del tempo in Italia, infatti, molta gente aveva anche problemi di malnutrizione.

Culture a confronto

- Nel tuo Paese è più comune mangiare un piatto unico o più piatti durante lo stesso pasto?
- Qual è il piatto unico più famoso nel tuo Paese?
- Esiste nel tuo Paese un piatto povero che è diventato molto famoso?
- Quando nel tuo Paese si pensa al cibo italiano, qual è il primo piatto che viene in mente?

5c Continua la lettura, poi unisci le due parti delle frasi per dare informazioni corrette.

Paste e minestre

La pasta, nella tradizione, nasce come primo piatto nei giorni di festa, seguito poi da altre portate. Esistono, però, antiche ricette che rendono questo cibo un nutriente piatto unico, soprattutto quando la pasta è unita a legumi, come fagioli e ceci, ad esempio. È interessante ricordare che anche nel celebre pesto ligure è possibile aggiungere nella pasta le patate, secondo l'antica tradizione che rende il piatto più nutriente. Sono spesso considerati piatti unici alcune minestre particolarmente ricche, come la "minestra maritata" di origine napoletana, poi diffusa anche nelle regioni vicine, in cui le molte verdure "si maritano" con la carne di maiale, cioè "si sposano" perfettamente.

Minestra maritata

1 ☐ La pasta diventa un ottimo piatto unico quando…
2 ☐ Per rendere la pasta al pesto più nutriente bisogna…
3 ☐ La minestra maritata deriva il nome dal fatto che…

A aggiungere le patate.
B gli ingredienti si abbinano molto bene.
C si fa con i legumi.

5d Continua la lettura, poi segna, tra le frasi sotto, quelle relative al testo.

Zuppe di pesce

Tra le zuppe più famose per rendere da sole un pasto sufficiente è bene ricordare due ricette marinare di pesce: il Brodetto e il Cacciucco. Il primo è tradizionale nella costa adriatica, tra Romagna, Marche e Abruzzo, mentre il secondo è tipico di Livorno, in Toscana, sulla costa tirrenica. I due piatti hanno alcune differenze, ma anche caratteristiche comuni: sono fatti con numerosi tipi di pesci considerati poveri perché probabilmente, in origine, le zuppe si preparavano direttamente sulle navi dei pescatori in mare o al ritorno sulla terra ferma per le loro famiglie, usando il pesce di scarto che non si vendeva e che non aveva valore. Queste zuppe, in realtà molto gustose, si mangiano con il pane secco tostato sul fondo del piatto, così da raccogliere il liquido di cottura e rendere il piatto più abbondante.

1 ☐ Le zuppe di pesce possono essere un piatto unico tradizionale.
2 ☐ Livorno è sul mare Adriatico.
3 ☐ Il Brodetto e il Cacciucco sono la stessa zuppa con nomi diversi.
4 ☐ I pescatori vendevano le due zuppe.
5 ☐ Il pane è un ingrediente importante.

5e Termina la lettura, poi scrivi l'ingrediente principale di ogni piatto. Attenzione! Alcuni ingredienti si ripetono e altri sono errati.

I mille usi del pane secco

Sempre il pane secco è protagonista di un'altra ricetta povera del centro Italia, chiamata "ribollita" in Toscana o "acqua cotta" nel Lazio, in Umbria e nelle Marche. I pastori, i contadini e tutti quelli che lavoravano nelle campagne, preparavano questo piatto con patate, fagioli, cipolle, verdure e erbe raccolte in natura, bagnando il pane con il brodo di cottura. La ribollita ha il famoso cavolo nero, che la rende unica e le dà un sapore molto deciso. Oggi queste zuppe, arricchite con olio d'oliva e formaggi di qualità, sono considerate le più buone della cucina italiana! Confermando la loro capacità di calmare la fame, le patate sono protagoniste di altri piatti unici famosi come lo "sformato" o il "gattò" napoletano (forma italianizzata del "gâteau" francese), ricette però molto ricche, per la presenza di burro, formaggi e salumi. Sufficiente per un abbondante pasto è poi la Parmigiana di melanzane, esempio classico di piatto unico vegetariano del sud Italia, uno dei piatti più celebri della cucina italiana.

Bagna cauda

Per concludere, sono due importanti piatti unici anche la "tiella" barese e la "bagna cauda" piemontese: la tiella ricorda molto la "paella" con riso, pomodorini, patate e cozze, cotta però al forno. La ricetta della "bagna cauda", come indica il suo nome ("bagno caldo" in dialetto piemontese), prevede di immergere diversi tipi di verdure cotte e crude in un vaso di terracotta messo al centro della tavola e tenuto caldissimo grazie a una candela accesa sotto la base. Nel vaso c'è una salsa fatta con olio, aglio, acciughe, che cuoce ogni cibo immerso e dà un gusto inimitabile.

Tiella barese

Ribollita toscana

Gattò napoletano

| pane secco | patate | pesce | melanzane | aglio | pasta | riso | verdure | pomodoro | carne |

Piatti	Ingredienti principali
1 brodetto o cacciucco	
2 ribollita o acqua cotta	
3 sformato o gattò	
4 parmigiana	
5 tiella	
6 bagna cauda	

9

Tutti in cucina!
La parmigiana di melanzane

Ingredienti per 8 persone
- *un chilo e mezzo di melanzane*
- *mezza cipolla*
- *un mazzetto di basilico*
- *150 grammi di parmigiano*
- *500 grammi di caciocavallo o mozzarella*
- *1 spicchio di aglio*
- *un litro e mezzo di passata di pomodoro*
- *olio di semi per friggere e olio d'oliva (q.b.)*
- *sale e pepe (q.b.)*

6a Associa le descrizioni alla foto giusta.

3 **D**

A Nel frattempo preparate il sugo di pomodoro: in una pentola versate un po' d'olio e aggiungete l'aglio e la cipolla tritati.

B Continuate a fare degli strati nello stesso modo. Mettete in forno a 200° per 40 minuti. Si può servire tiepida o fredda.

C Ora sciacquate bene le melanzane, scolatele e asciugatele. Poi friggetele nell'olio di semi girandole su entrambi i lati.

D Per prima cosa lavate le melanzane e tagliatele a fette spesse mezzo centimetro circa nel verso della lunghezza.

E Mettete le melanzane fritte su fogli di carta assorbente per far uscire tutto l'olio.

F Ungete una pirofila con l'olio di oliva e coprite il fondo con uno strato di sugo di pomodoro. Mettete il primo strato di melanzane, copritele con il sugo, cospargetele di parmigiano e mettete uno strato di caciocavallo o mozzarella.

G Mettete uno strato di melanzane in uno scolapasta, cospargetele di sale grosso e continuate così facendo degli strati. Lasciate riposare le melanzane per almeno 1 ora.

H Fate soffriggere per qualche minuto, poi versate la passata di pomodoro, salate, pepate e lasciate bollire fino a quando il sugo diventa denso (circa 15 minuti). Aggiungete al sugo le foglie di basilico e spegnete il fuoco. Tagliate a fette sottili il caciocavallo o la mozzarella.

Video-ricetta sul sito:
www.elipublishing.org/percorsi-italiani

6b ▶ Ora guarda il video e controlla.

7 Completa il testo con le parole giuste.

definizione   ortaggi   dialettale   Campania   buonissima   leggero

L'origine della parmigiana di melanzane è contesa fra le regioni Emilia Romagna, (1) _____ e Sicilia, che ne ha ottenuto il riconoscimento come prodotto tradizionale. La parmigiana è oggi quella di melanzane, ma si può fare anche con altri (2) _____ messi a strati e alternati a pomodoro e formaggio. Un famoso dizionario italiano offre questa (3) _____: "cucinare alla maniera dei Parmigiani, ovverosia degli abitanti della città di Parma, vuol dire cucinare vegetali a strati". Ma sembra, però, che il nome derivi dalla parola (4) _____ siciliana "parmiciana", che significa "persiana", perché gli strati della parmigiana assomigliano alle liste di legno delle persiane delle finestre. Secondo alcuni la (5) _____ parmigiana di melanzane deriva dalle dominazioni araba e greca nel sud Italia, perché ricorda la *moussaka* greca e la *tiani* araba. Per rendere questo piatto più (6) _____, alcuni cuociono le melanzane al forno invece di friggerle.

8
In gruppi di 3. Ogni studente scrive i suoi 3 ingredienti preferiti, poi tutti insieme dovete creare un piatto unico che contenga almeno 2 degli ingredienti scelti da ognuno (in totale almeno 6 ingredienti). Ora proponetelo alla classe e ascoltate le loro opinioni.

Alla salute!

La Parmigiana ha un sapore intenso ed è ricca di formaggio e salsa. Il vino deve equilibrare questa intensità e bilanciare la parte grassa del piatto, con abbinamenti diversi secondo la stagione: rosso fruttato e di struttura in inverno, bianco fresco, profumato e sapido in estate. Vini consigliati: Montepulciano d'Abruzzo e Greco di Tufo.

Il prodotto tipico

La polenta

Acqua e farina di mais: sono solo questi gli ingredienti della polenta, un cibo che ha segnato la storia del nostro Paese e che, ancora oggi, è tra i più diffusi. La tradizione di mescolare acqua bollente e farine è antichissima, ma bisogna ricordare che la polenta in Italia si fa con la farina gialla di mais, ingrediente arrivato in Europa solo nel 1500, dopo la scoperta delle Americhe. Usato prima solo come cibo per animali, il mais diventa sempre più comune per la sua resistenza e adattabilità al clima europeo e la sua farina, nella metà del 1700, è la più diffusa ed economica. In quei tempi di guerre e malattie, la polenta è stato il cibo più mangiato, in particolare nel centro-nord, tanto che molti hanno erroneamente considerato la polenta come causa di una grave malattia, la pellagra. In realtà questa malattia

deriva dalla mancanza di vitamine e non era causata della polenta, ma dal fatto che si mangiava solo polenta e nient'altro. È stata anche il piatto tipico delle famiglie italiane che emigravano, quello portato con loro, nella memoria, in terre lontane. Come è accaduto per la maggioranza dei cibi più poveri, oggi la polenta è un cibo invernale ricco e gustoso, cucinato in tantissime varianti regionali e condito con salse, formaggi e carni in abbondanza. La polenta "taragna" è tipica della zona della Valtellina, di Bergamo e Brescia, è densa e scura e si serve con formaggio e spesso con una salsiccia di maiale; la polenta "concia" è tipica della Valle d'Aosta e di alcune parti del Piemonte, è più liquida e molto grassa, per la presenza di molto burro, formaggio fuso e latte. A Venezia la polenta si mangia con il pesce, a Trieste con il *gulash*, mentre l'aggiunta del grasso di maiale è comune in tutto il tutto il nord. Se avanza puoi friggerla o passarla al forno o alla griglia... buonissima!

9 Rispondi alle domande e confrontati con i tuoi compagni.

1. Hai mai ascoltato storie, racconti o canzoni sulla polenta? Quali?
2. Qual è il cibo "povero" più comune nel tuo Paese? Sapresti cucinarlo?
3. Esiste nel tuo Paese un cibo che riunisce le famiglie per mangiarlo?
4. Esiste nel tuo Paese un piatto che si mangia solo con le mani?

Percorso 10
L'Italia in festa

1 Quando pensi a una festa nel tuo Paese, quale di questi elementi è più importante? Parla con i tuoi compagni e spiega perché.

- CIBO
- MUSICA
- BEVANDE
- AMICI
- **FESTA**
- FAMIGLIA
- LUOGO
- VESTITI
- REGALI
- BALLO

2a Ascolta il dialogo e scrivi tutto quello che fa normalmente la famiglia di Roberta il giorno di Pasqua.

2b 🎧 **Ascolta ancora il dialogo e completa le frasi. Perché si usa il congiuntivo al posto dell'indicativo?**

1. Mah, prima di tutto _____ _____. Ne possiamo fare una ventina, diciamo due a testa.
2. E quindi non vuoi venire a pranzo con noi dalla nonna? _____ _____.
3. Però _____ _____ e noi dobbiamo stare sempre a casa con la nonna!
4. La Pasqua è una festa importante, lo sai che la nonna ci tiene tanto a stare tutti insieme in queste occasioni. _____!
5. A me l'agnello non piace. E poi si mangia troppo, _____ per chi ingrassa di più!
6. Però lo zio lo scorso anno ti ha regalato quell'uovo di Pasqua gigante, non ti ricordi? _____ _____!
7. Mamma, io ho 14 anni, dentro quell'uovo di Pasqua c'era una bambolina adatta per una bambina di 5 anni _____ per queste cose!
8. Mmm... ormai _____ a tenerti a casa.

3 Completa il testo coniugando i verbi all'indicativo presente o al congiuntivo presente.

Stress da feste natalizie

Le feste natalizie portano con sé tante cose, ma sembra che non tutte (*essere*) _____ piacevoli come i regali sotto l'albero. Il periodo tra Natale e Capodanno (*creare*) _____ anche stress e ansia. Si pensa che in questo periodo (*accumularsi*) _____ ansie di vari tipi: ansia per i regali e la spesa, ma soprattutto ansia per i cenoni con tutta la famiglia riunita al completo. Le donne, poi, pare che (*essere*) _____ più colpite perché in queste occasioni (*lavorare*) _____ più degli uomini. Come bisogna difendersi dallo *stress* natalizio? È importante che (*voi, fermarsi*) _____ a riflettere su ciò che davvero desiderate fare e non (*voi, sentirsi*) _____ costretti/e a fare tutto. Infine è necessario che (*voi, avere*) _____ tanta pazienza durante le file nei negozi. In fondo a Natale siamo tutti più buoni!

Adattato da www.diredonna.it

10

4 Guarda le foto ed esprimi la tua opinione usando le frasi nel riquadro e il congiuntivo presente.

| Penso che | Credo che | Immagino che | È importante che | Non è giusto che | Mi sembra che |

5 In due squadre: la squadra A pensa che la mamma di Roberta abbia ragione: le feste si passano in famiglia. La quadra B pensa il contrario. Scrivete i motivi che giustificano la vostra opinione e poi iniziate a discutere. Usate il congiuntivo!

I cibi delle feste

6 Rispondi alle domande.

- Cerca su Internet il calendario delle festività italiane e confrontalo con quello del tuo Paese: secondo te in Italia ci sono molti giorni di festa? Più o meno che nel tuo Paese?
- Da questo punto di vista, preferiresti vivere in Italia o nel tuo Paese?

7a Leggi l'inizio dell'articolo, poi completa la tabella a pagina 81.

Comincia la festa!

Nei percorsi precedenti abbiamo presentato le portate di un pasto italiano. Tutto cambia nei giorni di festa. In queste occasioni le famiglie si riuniscono e la tavola si trasforma in un luogo di incontro e di conversazione, i tempi del pasto si dilatano, i piatti diventano più numerosi ed abbondanti. Negli ultimi anni si è diffusa l'abitudine di terminare il pasto con un brindisi a base di spumante e con l'espressione "cin cin" (di origine cinese).

Cosa si fa a tavola	Durata del pasto	Quantità di cibo	Alla fine del pasto
Si mangia, si parla			

7b Continua la lettura poi, con un compagno, guardate le foto e scrivete il nome della festa a cui si riferiscono.

Un anno di feste

Il calendario delle principali festività inizia con l'Epifania: in passato tutti i bambini italiani aspettavano frutta e dolci, messi dalla Befana dentro una calza. Oggi i bambini ricevono cioccolatini e caramelle.
Il Carnevale (dal latino "carnem levare") ci ricorda la tradizione cattolica di non mangiare carne nel successivo periodo di Quaresima, ma ha tante ricette di dolci fritti, coperti di zucchero e miele.
La Pasqua è la festa religiosa più importante e il suo pranzo è uno dei più ricchi dell'anno: si mangiano le uova (decorate e al cioccolato) per il loro valore simbolico, si preparano le focacce chiamate pizze pasquali (salate e dolci), si mangia la carne di agnello. Il dolce più diffuso è la colomba, simile ad un panettone con la forma dell'uccello della pace. Il Ferragosto è il giorno della Vergine Maria: l'Italia intera è in vacanza: spesso si mangia all'aria aperta, i pic-nic prevedono la pasta al forno e le carni miste alla griglia.

1 _____ 2 _____ 3 _____ 4 _____

7c Scrivi a quale festa si riferiscono queste tradizioni italiane.

1 Si accendono fuochi sulla spiaggia. _____
2 Il venerdì precedente non si mangia la carne. _____
3 Si fanno molti scherzi e si indossano costumi. _____
4 I bambini "cattivi" ricevono il carbone. _____
5 Si appendono le calze al camino. _____
6 Si benedicono le case. _____

7d Continua la lettura, poi scrivi i nomi dei cibi sotto alle foto.

Feste d'inverno

Il 2 novembre, per il giorno dei morti, si preparano dolci in onore dei defunti. Si prepara il "pane dei morti" con i resti di biscotti o di dolci, o si offrono biscotti chiamati le "fave dei morti". L'11 novembre si ricorda San Martino e si festeggia con le castagne e il vino novello, cioè il primo vino dell'anno, non ancora completamente maturo, ma dolce e leggero. La festa più attesa dell'anno è Natale: il giorno della vigilia si mangia il pesce, ma nel pranzo di Natale si servono a tavola la pasta ripiena (ad esempio i tortellini) e il cappone in brodo. Come dessert si mangiano il panettone, il pandoro e il torrone, e anche il panforte di Siena è apprezzato in tutta la Penisola. L'anno si chiude con il cenone di Capodanno, per tradizione il pasto più ricco dell'anno, durante il quale si mangia... di tutto!

1 _pane dei morti_ 2 _____ 3 _____ 4 _____

5 _____ 6 _____ 7 _____ 8 _____

7e Con un compagno: indovinate se queste tradizioni del Capodanno sono vere (V) o false (F).

		V	F
1	Si mangiano le lenticchie perché, secondo la tradizione, portano ricchezza.	☐	☐
2	Non si aprono le finestre, se no la fortuna esce di casa.	☐	☐
3	È importante mangiare solo cibi di colore rosso.	☐	☐
4	Si mangia l'uva perché porta ricchezza.	☐	☐
5	Si indossa biancheria intima di colore rosso.	☐	☐
6	Si balla e si canta per mandare via la sfortuna.	☐	☐
7	Si buttano via le cose vecchie.	☐	☐
8	Si sparano i fuochi d'artificio perché cacciano gli spiriti maligni.	☐	☐
9	Per avere fortuna si mettono monete sotto ai piatti.	☐	☐
10	La prima persona che incontriamo il 1° gennaio deve essere un uomo.	☐	☐

Tutti in cucina!
I tortellini

8a ▶ **Guarda il video e completa la ricetta.**

Ingredienti per 4 persone

Per il ripieno
- 20 grammi di burro
- 100 grammi di carne di maiale macinata
- 100 grammi di mortadella
- 100 grammi di prosciutto crudo
- 50 grammi di parmigiano
- 1 uovo
- 1 pizzico di noce moscata
- 1 pizzico di sale e pepe

Per la sfoglia
- 400 grammi di farina
- 4 uova

Video-ricetta sul sito: www.elipublishing.org/percorsi-italiani

Preparazione

Per prima cosa fate (1) _____ in un tegame il burro, quindi aggiungete la carne macinata e fatela (2) _____ per una decina di minuti. Tagliate a pezzi il prosciutto crudo e la (3) _____, inseriteli nel mixer, insieme alla carne e tritate bene. Trasferite il composto in una (4) _____, aggiungete il (5) _____, l'uovo, la noce moscata, il sale e il pepe. Impastate bene e formate una (6) _____.

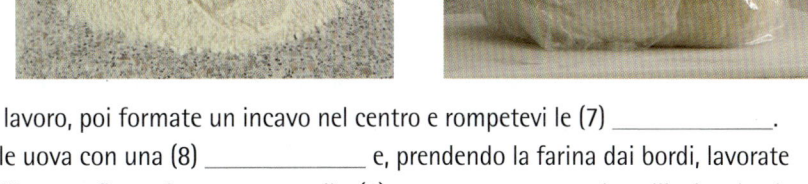

Mettete la farina a fontana sul piano di lavoro, poi formate un incavo nel centro e rompetevi le (7) _____. Se volete, aggiungete il sale. Mescolate le uova con una (8) _____ e, prendendo la farina dai bordi, lavorate con le mani l'impasto dall'esterno verso l'interno fino a formare una palla. (9) _____ con la pellicola e lasciatela riposare per circa (10) _____.

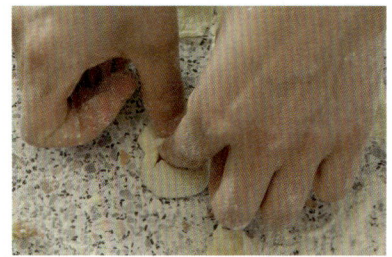

Infarinate il piano di lavoro e stendete la pasta con il (11) _____ fino ad ottenere uno spessore di circa 0,5 mm. Tagliate la pasta in quadratini di circa (12) _____ cm di lato, mettete sopra ad ognuno una piccola quantità di (13) _____ poi piegate la pasta a triangolo, premendo bene i bordi per farli attaccare. Ora prendete il triangolo di (14) _____ ottenuto, piegate verso l'alto la base del triangolo, (15) _____ le due estremità della base attorno al dito cercando di far aderire bene i bordi. Continuate così fino a terminare gli ingredienti.

9 Leggi le frasi e segna se, secondo te, sono vere (V) o false (F).

	V	F
1 Sono necessari almeno 40 tortellini per ogni persona.	☐	☐
2 La ricetta originale specifica che ogni quadratino di pasta deve avere 4 cm di lato.	☐	☐
3 La parola "tortellino" deriva da "torta".	☐	☐
4 I tortellini sono un piatto tipico di Roma.	☐	☐
5 Il tortellino di Bologna si fa con il dito mignolo e quello di Modena con l'indice.	☐	☐

10 Completa le ricette con le parole nel riquadro. Alcune parole si ripetono.

lavate   carne   sedano   tortellini   bollire   cuocete   ossi   sale

Tortellini in brodo
Ingredienti per 4 persone
- 400 g di _____
- 500 g di _____ di manzo con _____
- 1/2 gallina
- 5 litri di acqua fredda
- 2 cipolle
- 2 coste di _____
- 2 carote
- un pugno di _____ grosso

Preparazione del brodo

_____ la carne e mettete tutti gli ingredienti in una pentola con l'acqua fredda, salate e portate ad ebollizione. Lasciate _____ per 4 ore, togliendo la schiuma che si forma in superficie. A cottura terminata filtrate il brodo, mettetelo in un'altra pentola e _____ i tortellini.

Tortellini al ragù
Ingredienti per 4 persone
- 400 g di _____
- 150 g _____ macinata mista
- 3 cucchiai di olio d'oliva
- 200 g di _____ di manzo
- 1 cipolla, 1 carota,
- 1 costa di _____
- 250 g di polpa di pomodoro
- 1 chiodo di garofano
- 1 pizzico di _____
- 1 bicchiere di vino bianco

Preparazione del ragù

_____ e tritate le verdure, poi fatele rosolare in una pentola con l'olio d'oliva. Aggiungete la carne macinata e gli ossi e lasciateli rosolare. Bagnate con il vino, fatelo evaporare e poi aggiungete il pomodoro e il chiodo di garofano. Mescolate e lasciate _____ per circa due ore. Alla fine aggiungete il sale. _____ i tortellini e conditeli con il sugo.

11 Metti in ordine il brano sulla storia dei tortellini.

☐ Il proprietario della locanda Corona, guardando dal buco della serratura della stanza di una sua ospite, era rimasto tanto colpito dalla bellezza del suo ombelico, che corse immediatamente in cucina per riprodurlo con un pezzo di sfoglia e un po' di carne.

☐ Una leggenda fa nascere questo piatto a Castelfranco Emilia, cittadina di confine tra le province di Bologna e Modena.

☒ 1 Come per molte specialità italiane, la storia dell'origine del tortellino è caratterizzata da molti elementi fantasiosi ed esistono diverse leggende.

☐ Una versione simile, ma molto meno credibile, afferma che l'ombelico di cui il locandiere rimase affascinato era quello della dea Venere, che aveva trascorso la notte nella sua locanda per riposarsi, dopo la sua straordinaria spedizione sulla terra per aiutare i modenesi nella guerra contro i bolognesi.

Alla salute!

I tortellini in brodo e quelli al ragù sono molto diversi tra loro; il vino adatto ad entrambi deve essere corposo e con una buona acidità. Vino consigliato: Barbera d'Alba.

12 Completa le frasi con i modi di dire che si ispirano alle feste italiane. Coniuga il verbi.

> essere felice come una Pasqua   sembrare un albero di Natale
> fare la festa a qualcuno   essere una befana   durare da Natale a Santo Stefano

1 Quanto è brutta la moglie di Carlo! _____!
2 Ma come ti sei vestita? E quanti gioielli! _____!
3 I suoi colleghi non lo sopportavano e alla fine gli _____!
4 L'amore tra Gianni e Lucia _____ : si sono lasciati subito!
5 Paolo è ritornato a casa dopo otto mesi all'estero: sua madre _____!

Il prodotto tipico

Il panettone

Le leggende sull'origine di questo famoso dolce milanese sono numerose ed affascinanti. Quelle più verosimili raccontano che il panettone fu l'invenzione fortunata di un giovane panettiere innamorato, oppure il rimedio improvvisato di un pasticcere che usò tutti gli ingredienti rimasti in cucina, dopo aver scoperto che il dolce preparato per un banchetto era bruciato. La storia però ci dice che nel XV secolo i ricchi mangiavano un pane diverso dai poveri (un pane bianco più pregiato), ma a Milano nel giorno di Natale i panettieri regalavano a tutti i clienti un pane dolce fatto con uova, burro e miele.
Il panettone di oggi è diverso da quello di un tempo, ma è ancora preparato con pochissimi ingredienti di grande qualità: acqua, farina, zucchero, burro, uova, frutta candita e uvetta.
Il panettone moderno è caratterizzato dalla sua particolare lievitazione, che lo rende molto "alto" ed arioso all'interno, grazie all'uso del lievito madre naturale, cioè un pezzo dell'impasto preso da una preparazione precedente. Esistono molte varianti, con cioccolata, creme ed ingredienti vari, ma il panettone preferito dagli italiani rimane quello tradizionale.
Il panettone ha un forte concorrente fra i dolci natalizi: il pandoro. Ugualmente antico, il pandoro di Verona ricorda il panettone, ma è completamente coperto di zucchero a velo, è aromatizzato alla vaniglia, non contiene frutta candita, ha più burro e meno uova nell'impasto.
Le statistiche dicono che il panettone è il dolce di Natale preferito dalla maggioranza degli italiani (38%), mentre il pandoro è al secondo posto (33%). Chi ama mangiare l'uno o l'altro deve fare attenzione: 100 grammi di panettone o di pandoro contengono le stesse calorie di un piatto di pasta!

13 Rispondi alle domande.

1 Hai mai mangiato il panettone o il pandoro? Dove e quando?
2 Se non hai mai mangiato questi dolci, guarda le immagini e leggi gli ingredienti nel testo. Quale dei due pensi che sia più buono?
3 Quali sono i dolci tipici della festa più importante dell'anno nel tuo Paese?
4 Esiste nel tuo Paese un dolce che si mangia solo in alcuni periodi dell'anno?

Trascrizioni e soluzioni

Percorso 1

2 1 Non italiana: gli italiani mangiano la pasta da sola, senza verdure, pane, carne o altro. Non mettono mai cibi diversi nello stesso piatto; 2 Non italiana: gli italiani non fanno colazione con uova, pancetta ecc.; 3 Italiana: bambini e ragazzi fanno merenda tra le 16 e le 17; 4 Non italiana: gli italiani non prendono mai il cappuccino dopo pranzo; 5 Italiana: molti italiani fanno colazione al bar con un caffè o un cappuccino e cornetti; 6 Non italiana: gli italiani non mangiano gli spaghetti con in cucchiaio, solo con la forchetta.

5b A Sud Italia, B Nord Italia, C Nord Italia, D Centro Italia, E Sud Italia, F Nord Italia.

5c 1 - 5 - 6.

5d A 1 - 3 - 5; B 4; C 2.

6
- *Oggi abbiamo con noi una gradita ospite, la dottoressa Paola Marini. Bentornata nella nostra trasmissione.*
- *Grazie, buon giorno a tutti.*
- *Dottoressa, sappiamo che è sempre difficile generalizzare. Però vorrei chiederle: con tutti i cambiamenti di abitudini, di stili di vita... il modo di mangiare degli italiani sta cambiando?*
- *Questa domanda è complessa, avrei bisogno di più tempo per rispondere in modo completo. Però possiamo dire che l'abitudine di fare quattro pasti al giorno è ancora la più diffusa. Parlo ovviamente di due pasti principali, il pranzo e la cena, e due piccoli pasti veloci che sono la colazione e la merenda.*
- *Partirei proprio da questi due ultimi. Com'è oggi la colazione degli italiani? E la merenda, si fa ancora?*
- *Nella colazione gli italiani sono molto tradizionali, anche se tante campagne pubblicitarie invitano a consumare nuovi prodotti. Penso, ad esempio, ai cereali: ormai sono comuni in Italia, ma sono destinati a una minoranza soprattutto di giovani. La colazione rimane un breve pasto che si consuma tra le 7 e le 8, composto da una bevanda calda come il caffè, il tè, il latte, accompagnato da qualcosa di dolce. Si mangia del pane con il burro e la marmellata, brioches, biscotti, dolci tipici... ma sempre in piccole quantità. È decisamente meno comune mangiare cibi salati.*
- *Le persone fanno colazione più a casa o al bar?*
- *Oggi è in crescita il numero delle persone che fa colazione a casa, a causa della situazione economica generale. Comunque rimane diffusa l'abitudine di prendere un cappuccino e un cornetto al bar... La merenda, invece, può essere fatta con uno snack dolce, oppure un panino, e si mangia verso le 5. In estate la scelta è spesso quella di un gelato. È interessante notare che la merenda è il pasto preferito dai bambini, perfetta in una pausa durante lo studio o il gioco. Purtroppo non è comune mangiare la frutta, che sarebbe il cibo ideale per questo momento, mentre sono diffusi dolci confezionati e merendine dall'alto indice calorico. Forse il cibo dolce più usato per la merenda è ancora la Nutella, la celebre crema al cioccolato e nocciole che si spalma sul pane...*
- *Meglio fare attenzione con questi discorsi, altrimenti prende fame anche a noi qui in studio... cosa possiamo dire invece del pranzo?*
- *Per il pranzo dobbiamo ovviamente distinguere fra chi mangia a casa e chi mangia fuori per lavoro. Il tradizionale pranzo italiano prevede un piatto di pasta, un secondo di carne o pesce, un contorno di verdure, la frutta e il caffè. Direi che l'orario tipico per il pranzo è più o meno all'una. Non è molto comune mangiare il dolce alla fine, o il gelato, a meno che non sia un giorno di festa. In questo caso è quasi obbligatorio.*
- *E chi lavora, cosa mangia?*
- *Mangiare fuori casa significa mangiare poco e in fretta. Molti mangiano solo un panino, o comunque qualcosa di molto veloce. È inutile dire che oggi è in aumento il numero di persone che mangiano in questo modo.*
- *Siamo arrivati alla cena...*
- *Esatto! La cena è forse il pasto più importante al giorno d'oggi. Non tanto per la quantità di cibo, quanto per il fatto che la famiglia si riunisce e parla della giornata. Normalmente la cena inizia dopo le 8 e si svolge lentamente, con calma, mangiando dei cibi più leggeri rispetto al pranzo, ad esempio affettati misti, formaggi, verdure e frutta.*

Soluzione: 1 tra le 7 e le 8 / colazione / caffè, tè, latte, pane con burro e marmellata, brioches, biscotti, dolci tipici, cereali (a casa), cappuccino, cornetto (al bar) / a casa o al bar; 2 più o meno all'una / pranzo / pasta, carne o pesce, verdure, frutta e caffè (a casa) / panino (fuori casa) / a casa o fuori casa; 3 verso le 5 / merenda / dolci confezionati, merendine, panino con Nutella, gelato / a casa (bambini); 4 dopo le 8 / cena / 4 affettati misti, formaggi, verdure e frutta / a casa.

7 1 Antipasto C, 2 Primo piatto D, 3 Secondo piatto B, 4 Contorno F, 5 Dessert A, 6 Frutta E, 7 Caffè G, 8 Digestivo H.

8
- *Pronto, mamma?*
- *Ciao Giulia, come stai tesoro?*
- *Bene, bene. Senti mammina... ho bisogno di un favore... come al solito.*
- *Dimmi cara.*
- *Stasera ho invitato un gruppo di amici a casa per cena e ci sono anche un paio di colleghi di lavoro... vorrei proprio fare una bella figura...*
- *Che problemi ci sono? Tu cucini benissimo, la cena sarà splendida...*
- *Spero... ho cucinato per ore... però adesso sono in crisi con la tavola... volevo apparecchiare in modo elegante e formale, come sai fare solo tu...*
- *Tesoro... è semplicissimo. Te l'ho spiegato almeno cento volte: prima metti la tovaglia, che deve essere candida e ben stirata. Poi sistemi i piatti piani e sopra ai piatti piani quelli fondi. È chiaro?*

- Fino a questo punto è facile...
- A sinistra del piatto va la forchetta. Poi, ancora più a sinistra va il tovagliolo, piegato per bene come un rettangolo o un triangolo. Invece a destra devi mettere prima il coltello, con la lama rivolta verso l'interno...
- ... lama verso l'interno!
- Poi a destra del coltello va il cucchiaio. Infine i bicchieri vanno in alto, a destra, così puoi prenderli facilmente. Quello per l'acqua è il primo e va all'altezza dello spazio tra il piatto e il coltello. Alla sua destra va l'altro bicchiere, quello da vino. Infine il cucchiaino o la forchettina da dolce va esattamente sopra al piatto, con il manico verso destra.
- Perfetto mamma, va bene così!
- Giulia, lo sai che ti aiuto sempre volentieri, ma quante volte devo ripeterti che il cibo non deve essere solo buono...
- ... devi anche presentarlo bene! Lo so a memoria, mamma... Per questo ti ho telefonato! Un bacione! Grazie!
- Un bacio, tesoro!

8 1 forchetta, 2 piatto piano, 3 tovagliolo, 4 bicchiere per l'acqua, 5 coltello, 6 cucchiaino, 7 bicchiere per il vino, 8 piatto fondo, 9 cucchiaio.

10a 1 frutta, 2 forchetta, 3 bicchiere, 4 colazione, 5 coltello, 6 forchetta, 7 merenda, 8 cucchiaino.

Osserva 1 buono, 2 bene.

11 1 buona - Vero, 2 bene – Falso, 3 buono – Vero, 4 bene – Vero, 5 buoni – Vero, 6 bene – Falso.

Percorso 2

1 (Soluzioni possibili) 1 Circa le sette di sera, 2 Sono in un bar e prendono un aperitivo, 3 Mangiano stuzzichini e bevono vino rosso o alcolici, 4 Andranno a casa, o al ristorante, a cena.

2a
- Biglietto per favore!
- Ecco.
- La informo che a Bologna la coincidenza per Venezia parte al binario 7 e non al binario 12.
- Ah... grazie mille!
- Scusi, ha detto che la coincidenza per Venezia è al binario 12?
- No, è al 7.
- Grazie, eh... siccome ci vado anch'io, meglio essere sicuri.
- Di nulla, buon viaggio!
- Allora anche Lei va a Venezia: per lavoro o per vacanza?
- Veramente ci studio. Frequento l'università: lingue orientali.
- Ah, bene, complimenti! Le piace viverci? Deve essere un sogno...
- In effetti mi piace moltissimo, però non è facile, la vita è complicata per tanti motivi ed i costi...
- Sono alti, vero? Mi pare che sia la città italiana più cara!
- Beh, è proibitivo, infatti io ho preso un piccolo appartamento a Mestre, come la maggioranza degli studenti.
- Capisco, Venezia è solo per turisti, come me! Pensi che è la prima volta che ci vado. Quasi mi vergogno, ho viaggiato tanto in vita mia, ma ancora non ci ero mai stato. Comunque non vedo l'ora, sono proprio curioso. Appena arrivo, vado in albergo e poi faccio subito un giro per i canali e le vie del centro!
- Vuole dire le calli! Si chiamano così a Venezia.
- Ah, è vero! A proposito, forse mi può dare un consiglio. Prima di visitare Piazza San Marco vorrei mangiare qualcosa. Mi piace tutto eh, non ho problemi! Cosa si mangia a Venezia? Cosa mi consiglia?
- Veramente, per entrare nello spirito di Venezia, dovrebbe prima prendere uno spritz, poi andare a cena.
- Ah, uno spritz! L'aperitivo arancione, vero?
- Più o meno, potrebbe anche essere rosso, dipende... ma va bene, è quello!
- Ottimo, per me l'aperitivo è sacro, con gli amici lo prendiamo ogni sera. Mi può dire, anzi scusa, diamoci del tu... dai... mi puoi dire se conosci un wine bar o un pub dove fanno un happy hour conveniente, non so, due drink al prezzo di uno...
- Senti... io studio lingue orientali, non inglese! A Venezia l'aperitivo è un momento molto tradizionale, non ti conviene usare tutte queste parole straniere.
- Allora che parole devo usare?
- Prima di tutto devi trovare un buon "bacaro", non il wine bar o il pub. I bacari sono le antiche osterie veneziane, dove si mangiano i cicchetti e si beve l'aperitivo.
- Cosa sono i cicchetti? Sono buoni?
- Sono buonissimi, sono crostini di pane o di polenta con tante cose sopra... di solito pesce, salumi, verdure, creme... ogni bacaro ha le sue ricette: di solito vai al banco, ne scegli tre o quattro tipi fra i tanti, te li mettono in un piatto e li mangi in piedi, con un bicchiere di vino bianco...
- ... Oppure con uno spritz. Ho capito perfettamente, ci vado di sicuro. Hai qualche altro consiglio da darmi?
- Direi solo uno. Prendi una mappa della città e non perderla! Venezia è un labirinto!

2c 1 Dal binario 12. 2 Diamoci del tu... 3 Calli, spritz, bacaro, cicchetti. 4 A Mestre. 5 Crostini di pane o di polenta con pesce, salumi, verdure, creme.

3a 1 anch'io, 2 per vacanza, 3 ci studio, 4 viverci, 5 prima volta – ci – l'ora – un giro, 6 di sicuro.

3b 1 ci vado – 3 ci studio – 4 viverci – 5 ci vado / ci ero mai stato - 6 ci vado.

87

Trascrizioni e soluzioni

3c   1 ci vado, a Venezia, 2 ci studio, a Venezia, 3 viverci, a Venezia, 4 ci vado, a Venezia, 5 ci ero mai stato, a Venezia, 6 ci vado, in un bacaro.

4   1 Non è necessario, perché non c'è un luogo da sostituire. 2 È necessario, per non ripetere "al bar Roxy"; 3 È necessario, per non ripetere "in quel nuovo locale"; 4 È necessario, per non ripetere "sulla pasta"; 5 Non è necessario, perché non c'è una ripetizione del luogo; 6 È necessario, per non ripetere "dal dentista".

8a   Quando: la sera, tra le 18:00 e le 20:00 (oppure prima del pranzo); Con chi: con gli amici o i colleghi di lavoro; Dove: nei bar; Perché: per socializzare e ritrovarsi con gli amici.

8b   1 D, 2 A, 3 E, 4 F; 5 B, 6 C.

8c   1 Sì, 2 No perché l'insalata non si mangia con l'aperitivo, 3 No, perché la birra non si beve come aperitivo, 4 Sì, 5 No perché non si mangiano dolci durante l'aperitivo, 6 No perché non si serve solo l'acqua.

9a   1 caldi, 2 regione, 3 pasto, 4 tavola, 5 cena, 6 portate, 7 piatto, 8 dolce.

9b   Aperitivo: momento che precede il pasto e si consuma più spesso al bar, con patatine fritte, arachidi ed olive; Antipasto: inizio di un pranzo o di una cena, con cibi caldi e freddi, carne, pesce, legumi, verdure, formaggi e salumi, assaggi di prodotti tipici di una regione.

9c   A 2, B 1, C 3, D 6, E 5, F 4.

10a   A 4, B 3, C 5, D 7, E 2, F 8, G 6, H 1, I 9.

10b   1 gorgonzola, 2 arancia, 3 *baguette*, 4 ghiaccio, 5 gherigli, 6 acqua, 7 pere, 8 Aperol, 9 prosecco.

11   Spritz: 1 ghiaccio, 2 fetta di arancia, 3 acqua minerale, 4 prosecco, 5 Aperol. Crostini: 1 baguette, 2 pere, 3 pera, 4 gorgonzola, 5 noci.

12   1 ~~tagli~~ versi, 2 ~~tritarla~~ cospargerla, 3 ~~aggiungere~~ sbucciare, 4 ~~versare~~ tagliare, 5 ~~cospargere~~ tritare, 6 ~~sbuccio~~ aggiungo.

14   A: naturale, liscia; B: leggermente frizzante, effervescente naturale; C: frizzante, gassata.

15   1 B Non dire niente a nessuno, 2 C Non saper risolvere un problema semplice, 3 F Calmare una situazione tesa, 4 D Essere in una situazione disperata, 5 E Non funzionare o essere privo di logica, 6 A Fare l'impossibile per far contento qualcuno.

Percorso 3

1   1 farfalle, 2 tortellini, 3 penne, 4 orecchiette, 5 ravioli, 6 pipe, 7 tagliatelle o fettuccine, 8 ruote, 9 maccheroni, 10 lasagne, 11 gnocchi, 12 trenette, 13 spaghetti, 14 fusilli, 15 bucatini.

3a
- Ciao nonna! Come stai? Sei sempre in forma, eh?
- Ciao Carlo! Vieni qui, tesoro mio, che ti do un bel bacio! Carlettino mio!
- Nonna, ormai ho 25 anni! Va bene... senti, avrei bisogno di un favore: ho invitato un po' di amici a cena per domani sera...
- Ti preparo qualcosa? Le lasagne, un bell'arrosto...
- Magari, nonna! Il fatto è che abbiamo deciso di cucinare tutti insieme, ognuno fa qualcosa e io, forse, ho esagerato un pochino: ho detto che sono bravo a preparare la pasta fatta a mano!
- Tu sei peggio di Pinocchio, dici troppe bugie!
- Dai, nonna, non ho fatto niente di male! Solo che adesso vorrei fare una bella figura... come faccio?
- Mah... guarda che non è difficile fare la pasta a mano, basta un po' di calma e le giuste quantità per gli ingredienti.
- Potrei usare l'impastatrice elettrica e poi l'altra macchina con la manovella per fare la sfoglia.
- Macchine, macchine! Un tempo non si faceva così! Gli ingredienti si mettevano ad occhio, poi si impastava tutto con le mani sulla tavola di legno e poi la pasta si stendeva sempre con il matterello. Mi ricordo che la prima volta ho fatto una sfoglia piena di buchi! Poi la pasta si lasciava riposare.
- Riposare?! La pasta deve riposare?! Io non avrò molto tempo!
- Certo che deve riposare, la pasta deve asciugare almeno una ventina di minuti.
- Allora non farò in tempo!
- Tesoro mio, perché non facciamo così? Io ti do un vassoio di fettuccine che ho già preparato, e tu domani prepari solo un sugo al pomodoro!
- Ma sì, meglio così. Ho un'idea! Potrei fare il ragù alla bolognese: ho già l'acquolina in bocca! Per fare più in fretta lo posso cuocere nel microonde?
- Il ragù? Al microonde?! Povera me, che nipote sciagurato! Il ragù non è proprio adatto a te! Quando ero giovane per fare il ragù ci mettevamo 6 ore! Lo preparavamo il giorno prima: era una ricetta importante, sai? Si mangiava la domenica, non era per tutti i giorni.
- Allora come faccio?!
- Senti, tesoro mio, io ho fatto il ragù ieri sera. Puoi prendere quello, così è più facile. Alla fine conta mangiare bene, non importa chi cucina.
- Eh, forse hai ragione... ma allora io domani che faccio? Devo solo bollire l'acqua e cuocere la pasta?
- Beh, è già qualcosa! Comunque devi farlo bene. Pensa che, ai miei tempi, gli uomini non cucinavano mai, era compito delle donne. Almeno oggi gli uomini si danno da fare. Addirittura ieri, mentre guardavo la TV, il nonno ha preparato il tiramisù! Quando ha finito, la cucina sembrava un campo di battaglia.
- Ma il tiramisù era buono?
- Era terribile! Ma io l'ho mangiato tutto e gli ho detto che era buonissimo. Forse qualche volta sono un po' come Pinocchio anch'io...

Trascrizioni e soluzioni

Soluzione possibile: 1 Perché Carlo chiede aiuto alla nonna? 2 Perché Carlo non vuole fare la pasta? 3 Quanto tempo ci voleva per fare il ragù? 4 Cosa offrirà domani Carlo ai suoi amici? 5 Chi ha preparato ieri sera il tiramisù?

3b Passato prossimo: 1 ho invitato, 2 abbiamo deciso, 3 ho esagerato, 4 ho detto, 5 ho fatto, 6 ho fatto, 7 ho preparato, 8 ho fatto, 9 ha preparato, 10 ha finito, 11 ho mangiato, 12 ho detto. Imperfetto: 1 faceva, 2 mettevano, 3 impastava, 4 stendeva, 5 lasciava, 6 ero, 7 mettevamo, 8 preparavamo, 9 era, 10 mangiava, 11 era, 12 cucinavano, 13 era, 14 guardavo, 15 sembrava, 16 era, 17 era, 18 era.

4 nasce: è nato; si trasferisce: si è trasferito; vuole: voleva; si iscrive: si è iscritto; vive: è vissuto; è: era; apre: ha aperto; desidera: desiderava; cresce: cresceva; si dedica: si è dedicata; si esprime: si esprimeva; inizia: ha iniziato; riceve: ha ricevuto.

5 (Soluzione possibile) 1 Gianni ha telefonato ai suoi amici e li ha invitati a cena, 2 Gianni ha cucinato per la cena un pezzo di carne con le verdure, 3 Gli amici di Gianni sono arrivati a casa sua, 4 Gianni e i suoi amici sono andati a prendere un aperitivo al bar, ma mentre prendevano l'aperitivo, sono arrivati i pompieri, 5 Che disastro! La casa di Gianni è bruciata perché Gianni ha lasciato la carne sul fuoco! 6 La carne è bruciata e anche la cucina di Gianni. Per fortuna i pompieri sono arrivati in tempo! Gianni e i suoi amici hanno mangiato una pizza.

7 1 D, 2 A, 3 B.
8a 1 Falso, 2 Vero, 3 Vero, 4 Vero, 5 Vero.
8b 1 ripiena, 2 secca, 3 di grano duro, 4 senza uova.
8c 1 E 16 (Puglia), 2 D 12 (Lazio), 3 A 7 (Liguria), 4 B 8 (Emilia Romagna), 5 C 3 (Lombardia).
8d 1 Sì, 2 Sì, 3 Sì, 4 No perché la pasta è scotta, 5 No perché c'è poca acqua nella pentola, 6 Sì.
8e 1 gnocchi, 2 riso, 3 pasta, 4 risotto, 5 gusto, 6 dente.
9a 150 grammi di carne macinata.
9b A 5, B 3, C 1, D 9, E 2, F 6, G 8, H 4, I 7.
9c H, G, C, I, E, A, F, D, B.
9d A 4, B 6, C 3, D 5, E 2, F1.
9e 1 pepe - carbone; 2 Seconda - bacon; 3 persone - boschi; 4 cuoco - Roma.
10 1 D, 2 C, 3 B, 4 A.

Percorso 4

2
- *Ecco qua, spegniamo la TV... A posto! Mettiamoci al lavoro. Allora, Stefano e la nuova fidanzata arrivano alle 8:00 in punto!*
- *Facciamo le 8 e mezzo, lo sai che arriva sempre in ritardo!*
- *Va bene, diciamo alle 8 e mezzo. Abbiamo poche ore per fare la spesa e preparare tutto. Tu sei sempre tanto tranquilla, ma dobbiamo fare un sacco di cose!*
- *Ma dai, calmati, facciamo sicuramente in tempo! Tu puoi fare la spesa e io inizio a cucinare. Poi non dobbiamo mica preparare un pranzo di matrimonio! Stefano mangia più spesso da noi che a casa sua!*
- *Beh, però stasera è un'occasione speciale: porta per la prima volta la sua nuova fidanzata! Chissà com'è...*
- *Speriamo almeno che sia simpatica, sennò ho paura che sarà una lunga serata!*
- *Ma sì, mi fido di lui. Piuttosto, che prepariamo? Per antipasto farei una cosina leggera, forse qualche bruschetta e un po' di affettati...*
- *Sì, va bene: devi comprare il pane.*
- *Quanto ne compro?*
- *Comprane una fila da mezzo chilo.*
- *E di affettati?*
- *Compra il prosciutto crudo. Ne puoi prendere tre etti. Magari anche un paio di etti di mortadella. Mi raccomando: deve essere sottile, sottile!*
- *Certo cara, sottile, sottile!*
- *Forse potremmo anche prendere un po' di formaggio, a Stefano piace il pecorino.*
- *Ne prendo mezzo chilo, meglio abbondare! Per primo cosa facciamo? Vanno bene le penne con pomodorini e funghi? È da parecchio tempo che non le facciamo...*
- *Ma sì, va bene, piacciono sempre a tutti e poi sono facili... basta che compri i funghi e per il resto ho già tutti gli ingredienti.*
- *Ne compro una busta di quelli congelati?*
- *Sì, sì, vanno benissimo, costano meno e sono comunque buoni.*
- *E di secondo che cosa facciamo?*
- *Mmm... boh, non sono tanto sicura. Pensavo forse che potremmo fare una cosa un pochino elegante... non so, un bel piatto di pesce.*
- *Oddio, proprio il pesce... non so se è il caso. Io pensavo a una grigliata di carne, accendo il caminetto!*
- *E riempi di fumo tutta la casa, sei il solito confusionario!*
- *Per una volta non succede nulla, dai! Posso andare dal macellaio, prendo quattro belle bistecche e cucino delle fiorentine spettacolari, si mangeranno anche i piatti!*
- *Veramente non mi pare una buona idea quella di abbuffarsi di carne, meglio una cosa più delicata e salutare... facciamo la spigola al sale, cotta nel forno! Ne cuciniamo quattro ed il secondo sarà un successo garantito!*

89

Trascrizioni e soluzioni

- *Ma a me piace la ciccia! Sono un carnivoro! La fiorentina è il piatto simbolo di Firenze: noi stiamo a Firenze e allora si deve mangiare la fiorentina, è anche un fatto d'orgoglio!*
- *Tu sei pazzo! Ascoltami per una volta: prepariamo il pesce e di sicuro facciamo una bella figura!*
- *Pronto? Ciao Stefano! Sì, tutto a posto. D'accordo... alle 8, sì. Ah, lei è vegetariana! Ho capito... No, no, no, va benissimo, anzi, a noi stanno molto simpatici i vegetariani! Non mangia carne e non mangia pesce... perfetto. Allora ci vediamo dopo, ciao, ciao, ciao!*
- *Insalata per tutti?*
- *Insalata per tutti! Che tristezza! Ma adesso ne compro una montagna, se questa Claudia ne mangia meno di tre piatti mi arrabbio!*
- *Sei sempre il solito!*

Soluzione: Antipasto: Gianni: bruschette, affettati, Rina: formaggio Pecorino; Primo piatto: Gianni: penne con pomodorini e funghi; Secondo piatto: Gianni: grigliata, fiorentine; Rina: spigola al sale; Contorno: //; Dessert: //; Frutta: //; Bevande: //.

3 (Soluzione possibile) 1 pane, 2 formaggio, 3 insalata, 4 torta, prosciutto, formaggio, pane; 5 marmellata, 6 patatine, 7 tè, 8 yogurt, 9 birra; 10 salumi, pasta, mele, formaggio, 11 pasta, mele, salumi, formaggio; 12 latte, olio d'oliva.

4 *Ne* sostituisce la parola *uova*. Si usa perché evita di ripetere la parola *uova* nella risposta. No, non è possibile evitare di usarlo.

5a–5b 1 Ne compra mezzo chilo, 2 Ne compra tre etti, 3 Ne compra due etti, 4 Ne compra mezzo chilo, 5 Ne compra una busta, 6 Ne vuole cuocere quattro / Vuole cuocerne quattro, 7 Ne vuole cucinare quattro / Vuole cucinarne quattro, 8 Ne compra una montagna.

5c 1 Ho comprato 3 uova e le ho messe nel frigorifero. 2 Luigi beve troppi caffè, ne beve 6 al giorno! 3 So che l'olio d'oliva fa bene alla salute quindi lo uso in tutti i miei piatti. 4 Devi comprare più formaggio! Non ne basta una forma! 5 Mi piacciono tanto i funghi e vado a cercarli in montagna. 6 Dove sono le mele? Le hai mangiate tutte tu?

6a 1 Vero, 2 Vero, 3 Vero.

6b 1 carne, 2 carne, 3 pesce, 4 carne, 5 pesce, 6 pesce, 7 carne.

6d 1 - , 2 =, 3 +, 4 -, 5 -, 6 +.

6e 1 al forno, 2 bollita, 3 alla griglia / alla brace, 4 fritta, 5 in casseruola.

6f 1 C Essere muto come un pesce. 2 D Sentirsi un pesce fuor d'acqua. 3 B Fare gli occhi da pesce lesso. 4 E Non sapere che pesci prendere. 5 A Non essere né carne né pesce. 6 F Essere sano come un pesce. 7 H Buttarsi a pesce. 8 I Essere un pesce grosso. 9 G Trattare qualcuno a pesci in faccia. 10 L Fare il pesce in barile.

7a 500 grammi di carne macinata, 100 grammi di mollica di pane sbriciolata, 50 grammi di parmigiano grattugiato, 50 grammi di pecorino grattugiato, 2 cucchiai di prezzemolo tritato, 3 uova, 1 pizzico di sale, 1 pizzico di pepe, 1 pizzico di noce moscata grattugiata; 5 cucchiai di olio di oliva, 1 cipolla, 2 spicchi di aglio, 1/2 litro di passata di pomodoro, 1 pizzico di sale, 4-5 foglie di basilico.

7b 1 ciotola, 2 mani, 3 sugo, 4 olio, 5 trasparente, 6 palline, 7 bolle, 8 minuti, 9 foglie.

8a 1 B, 2 A, 3 E, 4 D, 5 C.

8b 1 vitello, 2 coniglio, 3 pollo, 4 maiale, 5 agnello, 6 polli, 7 agnello, 8 maiale.

9a 1 ardua, 2 avanzi, 3 pangrattato, 4 pietanza, 5 commensali, 6 innovative, 7 nobili, 8 varianti.

10a 1 B, 2 D, 3 C, 4 A.

10b 1 è come il prezzemolo, 2 bisogna camminare sulle uova, 3 mi ha fatto a polpette, 4 Che polpettone!

Percorso 5

2a
- *Forza signori, venite, venite! Arance e limoni di Sicilia, carciofi romani, verdure fresche, venite, venite! Forza gente, stamattina ancora dormite tutti? Forza! Un chilo di melanzane solo 2 euro, un chilo di pomodori 1 euro, un chilo di insalata 1 euro! Svendo tutto, forza signori!*
- *Buongiorno Oreste, come va?*
- *Buongiorno signora Pina, è sempre un piacere vederla. Oggi va così così, dormono tutti stamattina, comprano poco... qui c'è crisi, signora mia!*
- *Dai Oreste, ti lamenti sempre!*
- *Che devo fare? Le tasse, il mutuo, le bollette... pure la Roma ha perso ieri! Proprio un disastro! Cambiamo discorso che è meglio! Che cosa le do oggi, signora Pina?*
- *Stasera vengono i miei nipoti a cena e voglio preparare qualcosa di buono per loro... solo che sono tutti sportivi, sempre a dieta...*
- *È così che va il mondo oggi! Ai miei tempi chi faceva la dieta?! Un po' di pancetta era pure segno di benessere!*
- *Oh, per carità! Per loro stasera preparo solo un secondo e tanti contorni; niente pasta, la mangiano solo a pranzo. Ho deciso di cucinare il pollo arrosto. Oreste, che odori mi consigli di mettere?*
- *Signora, sicuramente ci vuole l'aglio. Poi anche il rosmarino. Io ci metto anche qualche foglia di alloro e un po' di maggiorana, poi dipende dai gusti.*
- *È da tanto tempo che non lo cucino più, a me il pollo non piace tanto... seguo il tuo consiglio, dammi un po' di tutto. Bisogna mettere anche un po' di succo di limone?*
- *Sì, di solito sì. Le do anche qualche bel limone?*
- *Va bene, dammene 3 o 4. Quanto costano quelli grandi laggiù?*
- *Quelli costano 3 euro al chilo.*

Trascrizioni e soluzioni

- *Così tanto?! Da quando i limoni sono più cari dell'oro?*
- *Quelli sono i limoni di Amalfi, sono speciali! Sono usati anche per fare il limoncello. Ho anche quelli normali... sono questi... costano 1 euro e 70 al chilo.*
- *Questi vanno bene, ne prendo quattro. Oreste, di contorno che mi consigli di preparare?*
- *Beh, col pollo arrosto ci vogliono le patate arrosto, assolutamente! Ho queste patate rosse che vengono da Colfiorito, un paesino tra Marche e Umbria, che sono buonissime, perfette al forno. Costano solo 50 centesimi più delle altre.*
- *Le conosco, sono molto buone... le prendo.*
- *Signora, le deve cuocere insieme al pollo, mi raccomando! E serve anche un bel goccio di vino bianco per farlo venire veramente buono. Poi le consiglierei di preparare un'insalata di pomodori. Oggi sono in offerta, sono quelli "cuore di bue", vanno benissimo in insalata, praticamente glieli regalo, stanno a un euro al chilo. Li prende?*
- *Sì, sì... li prendo. Occorre anche del basilico per l'insalata, vero?*
- *Certo signora, il basilico col pomodoro è come il cacio sui maccheroni! Per finire, prenderei pure dei carciofi, magari da fare "alla giudia".*
- *Ma che, sono questi i carciofi? A parte che sono abbastanza bruttini, ma costano un euro l'uno?! Mangiare i carciofi è più costoso che comprarsi un vestito!*
- *Signora, sono primizie, appena arrivati! Guardi, per lei faccio 80 centesimi, ma solo per lei e non lo racconti a nessuno...*
- *Ma che, scherziamo?! È troppo, casomai li compro surgelati... tu vuoi diventare ricco con me!*
- *Ma signora... le tasse, il mutuo, le bollette...*
- *Sì, lo so... e ieri ha perso anche la Roma. Senti, facciamo 70 l'uno e ne prendo una decina, va bene?*
- *Non posso mica contraddirla io... tanto decide sempre Lei. Va bene, facciamo 70...*

Soluzione: 1 E, 2 I, 3 H, 4 D, 5 B, 6 G, 7 C, 8 F; la frase A non fa parte del dialogo.

2c 1 Ci vuole l'aglio, 2 Bisogna mettere un po' di succo di limone, 3 Ci vogliono le patate arrosto, 4 Serve un bel goccio di vino, 5 Occorre il basilico.

3 1 ci vuole/occorre/serve, 2 ci vogliono/occorrono/servono, 3 bisogna/occorre, 4 ci vuole/occorre/serve, 5 ci vogliono/occorrono/servono, 6 ci vuole/occorre/serve, 7 bisogna/occorre.

4b Si usa **di** perché gli elementi comparati sono sostantivi. Si usa **che** perché gli elementi comparati sono verbi.

5 1 sostantivi, 2 aggettivi, 3 verbi all'infinito, 4 preposizione.

6 (Soluzione possibile) 1 È più sano mangiare frutta che mangiare dolci/È meno sano mangiare dolci che mangiare frutta, 2 È più divertente mangiare a casa che mangiare al ristorante/È meno costoso mangiare a casa che mangiare al ristorante, 3 Luisa è più golosa che attenta all'alimentazione/Luisa è meno attenta all'alimentazione che golosa.

8a (Soluzione possibile) Pasti principali di ogni giorno: frutta, verdura, olio, pesce, pasta, legumi, riso; Spuntini e merende di ogni giorno: latte e yogurt, frutta secca, pane, frutta e verdura. Solo qualche volta la settimana: carni bianche, uova, salumi, carni rosse, dolci. *NOTA: esistono molte varianti di dieta mediterranea e la casa editrice ELI ne ha fornita solo una di esempio, a puro scopo didattico, senza per altro alcuna intenzione di dare alcun tipo di consiglio alimentare.*

8b 1 cipolla rossa di Tropea – Calabria; 2 basilico genovese – Liguria; 3 capperi di Pantelleria – Sicilia; 4 radicchio rosso di Treviso – Veneto; 5 pomodori di Pachino – Sicilia; 6 melanzane di Rotonda – Basilicata; 7 Scalogno di Romagna – Emilia Romagna; 8 carciofo romano – Lazio.

8c 1 fagioli, 2 ceci, 3 piselli, 4 fave, 5 finocchi, 6 sedani, 7 zucchine, 8 cavoli, 9 broccoli, 10 cetrioli, 11 spinaci, 12 funghi.

9b 1 ricetta, 2 ingredienti, 3 pesci, 4 biscotto, 5 servito.

10b 1 C, 2 D, 3 B, 4 A.

Percorso 6

3a
- *Ciao amore... sì, sono in macchina. Sono quasi arrivato, cinque minuti e sono a casa. Oggi è stata proprio una giornataccia al lavoro! Non ti dico, sono stanco morto, non vedo l'ora di tornare a casa e mettermi in pigiama! Ah sì, certo che mi ricordo! Certo... San Valentino! Credevi che mi fossi dimenticato? Ma va, figurati, certo che mi ricordo, oggi è il 14, San Valentino, è da stamattina che lo so. Anzi, ti ho pure fatto una sorpresina piccola... sì amore, una "dolce" sorpresa... sì, lo so, sono un romanticone... dai, ci vediamo tra pochissimo, un bacio. Ciao, ciao! Mamma mia, mi sono dimenticato! San Valentino!!! E adesso che cosa prendo? I negozi sono chiusi! Magari provo qui, al bar vicino casa... chissà se hanno qualcosa... Ciao Marina!*
- *Ciao Corrado, cosa prendi?*
- *Io niente, grazie... avrei bisogno di qualcosa per festeggiare San Valentino, un pensierino, un regalo... Che cosa si regala per San Valentino?*
- *Veramente si regalano i fiori...*
- *Beh, in teoria sì, ma in pratica è troppo tardi, mi sono dimenticato ed ora è tutto chiuso. Invece mia moglie si ricorda sempre tutto! Rimani solo tu per salvarmi. Pensavo a un dolce...*
- *Per San Valentino si mangiano i dolci al cioccolato.*
- *Ottimo, prendo una torta al cioccolato. Magari a forma di cuore.*
- *Buona idea, ma non vendiamo torte, solo paste e gelati.*
- *Sono rovinato!*
- *Ma dai, addirittura rovinato?! Una soluzione la troviamo... Sarebbero perfetti i cioccolatini...*
- *Brava, i cioccolatini! Magari proprio i Baci Perugina, che hanno pure i bigliettini con le frasi d'amore dentro...*

91

Trascrizioni e soluzioni

- Eh sì, più romantici di quelli non ci sarebbe nulla...
- Perché usi il condizionale?
- Uso il condizionale perché... i Baci Perugina sarebbero il regalo ideale, ma sono finiti.
- Finiti?!
- Oggi è San Valentino e ne ho vendute almeno dieci scatole! I regali si devono comprare in tempo!
- Oddio, neanche i Baci?! Che mi rimane?! Mica posso portare un sacchetto di patatine!
- Guarda, una soluzione c'è: la Nutella! Qui al bar vendo i barattoli giganti da un chilo!
- Mmm... la Nutella?
- Direi che è perfetta. La Nutella piace a tutti, la puoi spalmare sul pane e fare il pane a forma di cuore... e poi spendi poco.
- Va bene, la prendo! Ma oltre al pane... come mi consigli di mangiarla, non so, con qualche abbinamento particolare...
- Il modo migliore per mangiare la Nutella è... con il cucchiaio! È romanticissimo!
- Mi hai convinto! Prima facciamo una bella cena e poi... Nutella al cucchiaio!
- Sì, ma sbrigati, altrimenti tua moglie si arrabbia e ti chiude fuori casa...
- Hai ragione, scappo... ecco i soldi, tieni il resto... Grazie Marina, Buon San Valentino!
- Buon San Valentino anche a te! Speriamo...

3c "Si" affermativo: Sì, sono in macchina. Sì, certo che mi ricordo. Sì amore, una "dolce" sorpresa. Sì, lo so. Beh, in teoria sì. Eh sì. Sì, ma sbrigati. "Si" impersonale/passivante: Che cosa si regala per San Valentino? Si regalano i fiori. Si mangiano i dolci al cioccolato. I regali si devono comprare in tempo. "Si" riflessivo: Mia moglie si ricorda sempre tutto. Altrimenti tua moglie si arrabbia.

3d 1 il verbo non è seguito da un oggetto, 2 il verbo è seguito da un oggetto singolare, 3 il verbo è seguito da un oggetto plurale.

4 si tritano, si aggiunge, si mette, si continua, si versano, si impasta, si trasferisce, si cuoce, si lascia, si mette.

6 Crostata di fragole: Menù di primavera, Budino all'uva: Menù d'autunno, Fonduta di cioccolato: Menù d'inverno, Semifreddo al limone: Menù d'estate.

8 A 5, B 6, C 2, D 6, E 1, F 3, G 2, H 4.

9b 1 C, 2 G, 3 H, 4 F, 5 A 6 B (la frase D e la frase E sono da eliminare).

9c 1 D, 2 E, 3 F, 4 G, 5 H, 6 C, 7 B, 8 A.

10a 500 grammi di mascarpone, 6 uova, 100 grammi di zucchero, 350 grammi di biscotti savoiardi, 6 tazzine di caffè, 30 grammi di cacao in polvere.

10b Ingredienti: 500 grammi di mascarpone, 6 uova freschissime, 100 grammi di zucchero semolato, 350 grammi di biscotti savoiardi, 6 tazzine di caffè zuccherato, 30 grammi di cacao in polvere. Preparazione: 1 E, 2 B, 3 F, 4 D, 5 A, 6 C.

10d 1 Un nobile omaggio, 2 Un dolce Risorgimento, 3 Energia da gustare.

Percorso 7

2a
- Mah... avrà avuto qualche problema col traffico, gli avevo detto alle nove...
- Vabbuò, dai, non è un problema, non c'ho neanche tutta 'sta fame stasera...
- Zitti tutti, eccolo che arriva! Parli del diavolo... Stefano! Siamo qua!
- Ciao Daniela, scusate il ritardo! La sera qui intorno non si parcheggia proprio, è impossibile! Praticamente l'ho messa in tripla fila! Piacere, sono Stefano.
- Ciao, Riccardo!
- Senti, noi nell'attesa abbiamo già ordinato, tu che prendi, il solito?
- E certo, una capricciosa con extra prosciutto e peperoncino! E una bionda media!
- Sentite, glielo vado a dire direttamente io al cameriere, così facciamo prima. Eccolo, sta laggiù, ritorno subito.
- Ti piace bella ricca la pizza...
- A me? Io ci metterei pure un chilo di roba sopra, anche il ketchup e la maionese!
- Va be', forse è un po' troppo!
- Alla fine per me la pizza è una base, quello che conta sta sopra, sennò che gusto c'è?
- Ecco, appunto, io sono proprio il contrario: quello che conta è l'impasto, la pizza mi piace semplicissima, infatti prendo sempre una Margherita.
- Allora ragazzi, tutto a posto, la pizza arriva subito... di che parlate?
- Di pizza... e filosofia!
- Ci piacciono pizze molto diverse, tutto qui.
- Be', col cibo non si scherza... ditemi se c'è qualcosa più importante di questo!
- Sono d'accordo, più importante del cibo non c'è niente, a parte l'Inter!
- Oddio, sei dell'Inter? C'era qualcosa di strano in te, mi pareva! Daniela, mi fai cenare con un tifoso dell'Inter! Questo è il massimo, ci mancava solo questa!
- Ma dai!
- Perché, tu di che squadra sei? Del Napoli?
- Ovvio! Che scherziamo?! Un napoletano che non è del Napoli, sarebbe un'eresia!
- Smettetela! Per fortuna ecco la pizza, sono stati velocissimi. Guardate che belle! La marinara è per me.
- Io prendo la margherita.

Trascrizioni e soluzioni

- E io la capricciosa. Grazie!
- Guardatela... che bella! Qui fanno certe pizze che sono uno spettacolo! Mmm... buona, attenti che scotta!
- Sì, è bollente, ma non resisto!
- Buona è buona... magari era meglio un po' più sottile e croccante...
- Dimmi un po', ma tu lo sai com'è la vera pizza napoletana? Va bene che non sei di qui, ma la pizza vera è proprio così, non scherziamo!
- Ma guardala! Il bordo è grandissimo e non c'è niente sopra! Mangiala tu tutta quella parte vuota!
- Sentilo... ma che dici?! È proprio quella la parte più buona, né morbida né croccante, sei proprio un ignorante sulla pizza!
- Sarò un ignorante, ma a me la pizza piace come la mangio a casa mia, bassa, croccante e ben condita! Questa qui sarà pure quella originale, ma i gusti sono gusti!
- Va be', magari è colpa mia, prima di scegliere la pizzeria dovevo chiedervi che pizza vi piaceva...
- Dubito che si possa trovare un posto migliore di questo! Sentite che profumo, proprio non ti capisco!
- Ma avrò pure il diritto di scegliere quello che mi piace, o no? Mangiatela tu la pizza mia, se ti piace tanto...
- Se proprio ci tieni, me la mangio veramente, ma prima devo togliere tutti quegli ingredienti sopra!
- Ragazzi, basta! Dai, datevi una calmata! Non vorrete mica litigare? Sembrate due politici!
- Magari sei pure di sinistra...
- Certo... e tu di destra? Ah... lo sapevo!
- Ho capito... m'è passata la fame. Ragazzi, io me ne vado, vi lascio litigare, vado a pagare, anzi, la mia pizza pagatela voi!

Soluzione: Daniela: pizza marinara, non è tifosa di calcio, non esprime idee politiche, carattere socievole e tollerante; Riccardo: pizza margherita, è tifoso del Napoli, politicamente è di destra, carattere estroverso e comunicativo; Stefano: pizza capricciosa, è tifoso dell'Inter, politicamente è di sinistra, carattere abitudinario e semplice.

2c	ricca – semplice, bella – brutta, buona – cattiva, bollente – fredda/gelata, sottile – spessa, croccante – morbida, bassa – alta, condita – scondita.
2d	Non sono verbi all'imperativo: glielo, vorrete, eccolo, prendo, sai, chiedervi.
2e	smettetela, smettere, voi, la; sentite, sentire, voi, //; pagatela, pagare, voi, la; sentilo, sentire, tu, lo; dimmi, dire, tu, mi; guardatela, guardare, voi, la; scusate, scusare, voi, //; datevi, dare, voi, vi; mangiatela, mangiare, voi, la.
2f	1 scusami, 2 raccontami, 3 spiegami, 4 lasciami, 5 dirmi, 6 fammi.
4	1 B, 2 B, 3 D.
5b	A 3, B 1, C 5, D 2, E 4.
5c	(Soluzione possibile) Dove: fuori casa/a casa; Quando: durante il giorno, a cena, di notte; Caratteristiche: gustosa, semplice, leggera, economica, informale.
5d	A 1, B 4, C 2, D 3.
5f	1 crescia – torta al testo – focaccia, 2 calzoni – panzerotti, 3 schiacciata – piadina romagnola.
5g	A Sì. B No, perché il piano di lavoro non è di marmo. C No, perché l'olio non è extra vergine. D Sì. E No, perché questi pomodori sono rotondi, quindi non sono San Marzano. F Sì.
5h	13 – 7,5 – 200 – 4 – 25.000.
6a	C 1, E 2, G 3, I 4, D 5, B 6, H 7, A 8, F 9.
7	C – F
9	1 C, 2 E, 3 F, 4 A, 5 D, 6 B.
10a	1 C, 2 D, 3 B, 4 A.
11a	1 B, 2 D, 3 A, 4 C.
11b	1 B, 2 B, 3 A, 4 C.

Percorso 8

2a
- Caterina, sbrigati, sali in macchina, mancano 30 minuti alla lezione di musica e facciamo tardi...
- Uffa, nonno! Oggi non mi va, sono stanca!
- Andiamo! Dai, poi ti diverti!
- Eh sì, che divertimento... sempre quegli esercizi noiosi! Guarda, ieri ho scaricato un'app fortissima nel cellulare per suonare la chitarra elettrica che...
- E basta con questo cellulare! Io avrei desiderato tanto studiare musica da ragazzo, e tu vorresti solo stare a casa con il telefono tutto il giorno!
- Guarda nonno, che il mio non è un cellulare, è uno smartphone! Posso farci tutto, anche studiare.
- Sì, va bè, ma adesso andiamo, che facciamo tardi. Non sono neanche pratico di questa zona di Genova, e poi con questo traffico... è peggio che da me a Roma!
- Nonno, io ho fame... vorrei mangiare qualcosa prima della lezione.
- Non c'è tempo, mangerai dopo, quando ritorni a casa.
- Dai, per favore, ho detto che ho fame! Ho controllato con un'app e non c'è traffico, arriveremo in 12 minuti passando da via Battisti.
- Ancora con quel telefono?! Ehm... sul serio dice che arriviamo così velocemente? Quasi quasi anche io mangerei qualcosa, a pranzo ho mangiato poco.
- Trànqui, nonno, l'app sbaglia al massimo di 20 secondi.

Trascrizioni e soluzioni

- *20 secondi, eh? Dai, va bene, passiamo a prendere qualcosa. Però non conosco i posti qua intorno. Che vorresti mangiare?*
- *Aspetta, c'è un'app per trovare il migliore street food del quartiere, adesso faccio il download.*
- *Ma come parli? App, street food, smartphone, download... Devi parlare in italiano! Neanche ti capisco!*
- *Ho solo detto che, se aspetti un secondo, trovo un posto vicino per fare uno spuntino buono e veloce.*
- *Basta che non trovi un cibo scritto in inglese: voglio mangiare italiano, io!*
- *A due chilometri da qui c'è un posto che si chiama "Antica friggitoria". Ha 5 stelle, è il primo della lista.*
- *Friggitoria? Interessante! Ma che fanno?*
- *Dicono che fanno la migliore "fugassa" di Genova. E anche le "panissette" fritte e il baccalà...*
- *Fugassa, panissette? E che roba è?*
- *Ma nonno! Sono i cibi più famosi di Genova! La fugassa è la focaccia e le panissette sono dei bastoncini fritti di farina ceci. Qualche volta le fa anche la mamma... buonissime!*
- *Che fame che mi hai fatto venire... Ma vuoi vedere che, alla fine, quel telefono è anche utile? Ne avrei voluto uno anche io da giovane... Ai miei tempi non c'era niente, al massimo avrei chiesto un'informazione a qualche persona per strada. Forse potrei comprarne uno, ma forse non saprei usarlo.*
- *Guarda, nonno, ci sono anche delle app per gli anziani che...*
- *Caterina, lascia stare! Sarò vecchio, ma me la cavo ancora bene! E poi, parlando di quest'app, e poi di quell'altra app, adesso mi è arrivato un "app-etito" gigante. Andiamo a mangiare una bella fugassa insieme!*

(Soluzione possibile) 1 Perché Caterina e suo nonno sono in auto? 2 Non le conosce bene perché lui abita a Roma, 3 Che cosa vuole mangiare il nonno? 4 Chiedeva informazioni a qualche persona per strada. 5 Perché il nonno non compra uno smartphone?

2b Condizionale presente: vorresti - vorrei - mangerei - vorresti - potrei - saprei. Condizionale passato: avrei desiderato - avrei voluto - avrei chiesto.

6a L'immagine giusta è la 2. Nella 1 il bancone è di legno, nella 3 non c'è il fuoco e le anfore sono fuori dal bancone, nella 4 il bancone è simile a un tavolo.

6b 1 panino con la ricotta, 2 panino con il prosciutto cotto, 3 panino con la mortadella, 4 panino con la milza, 5 panino al lampredotto, 6 cicchetto veneziano, 7 panino con la porchetta, 8 pane e panelle.

6c 1 Falso, 2 Vero, 3 Falso, 4 Falso, 5 Vero, 6 Falso.

6e 1 B, 2 A, 3 D, 4 C.

7a 1 parmigiano, 2 cipolla, 3 coltello, 4 carota, 5 tritatutto, 6 tagliare, 7 friggere, 8 farina, 9 pollo, 10 ciotola, 11 uova, 12 limone, 13 padella, 14 piatto, 15 maiale, 16 aggiungere.

7b 1 maiale, 2 limone, 3 coltello, 4 carota, 5 cipolla, 6 tagliate, 7 pollo, 8 aggiungete, 9 tritatutto, 10 parmigiano, 11 ciotole, 12 uova, 13 farina, 14 friggere, 15 padella, 16 piatto.

8 1 Le olive all'ascolana prendono il nome dalla (3) città di Ascoli Piceno, nella regione Marche, dove nascono le olive "ascolana tenera", che erano conosciute già in epoca romana. 2 Già nell'antichità, infatti, le olive in salamoia (cioè in acqua e sale) erano considerate un cibo molto nutriente, tanto che i (5) soldati romani avevano sempre con loro un pugno di olive per i momenti più difficili. 3 Sembra che la ricetta delle olive all'ascolana sia nata, però, nel 1800 quando i cuochi che lavoravano nelle famiglie nobili del Piceno hanno trovato un sistema per consumare le grandi quantità di (4) carne che i contadini dovevano regalare per legge ai loro padroni. 4 Alcuni personaggi (2) famosi amavano molto questa ricetta: Gioacchino Rossini, Giacomo Puccini e anche Giuseppe Garibaldi che il 25 gennaio 1849 ha mangiato queste olive proprio ad Ascoli Piceno gli sono piaciute così tanto che ha preso alcune piantine di olive e le ha portate a Caprera per coltivarle, ma non ci è riuscito. 5 La produzione delle olive ascolane in salamoia è rimasta una preparazione familiare o artigianale fino alla seconda metà dell'Ottocento. Intorno al 1875, Mariano Mazzocchi, ingegnere ascolano, ha avviato un'attività di tipo industriale per la (1) produzione e commercializzazione di questo prodotto.

9 1 B, 2 F, 3 A, 4 C, 5 D, 6 E – 1 frigge, 2 fritta e rifritta, 3 sono fritto/a, 4 frigge con l'acqua, 5 vai a farti friggere, 6 ti sei fritto il cervello.

Percorso 9

2a 1 corretto, 2 scorretto, 3 scorretto, 4 corretto, 5 scorretto, 6 scorretto, 7 scorretto, 8 corretto, 9 scorretto, 10 scorretto.

2b
- *Mi scusi, posso sedermi qui?*
- *Sì, certo, si accomodi. Un minuto e arrivo subito da lei. Eccomi qua, buongiorno. Le lascio il menù in cui trova anche le specialità della casa. Da bere cosa le porto?*
- *Vorrei del vino bianco della casa e molto ghiaccio. Anche una bottiglia d'acqua minerale naturale, grazie.*
- *Scusi se glielo chiedo, il ghiaccio è per il vino?*
- *Sì, oggi fa parecchio caldo...*
- *Mi scusi se mi permetto, ma chi beve il vino con il ghiaccio in Italia è considerato proprio male! Guardi, le metto la bottiglia in un cesto con il ghiaccio che abbassa la temperatura del vino. Paese che vai, usanze che trovi, come dice il proverbio.*
- *Capisco... seguo il suo consiglio, allora.*
- *Eccellente! Ora, per mangiare: oggi come piatti del giorno abbiamo gli strangozzi al pomodoro e la torta al testo con prosciutto e formaggio...*

Trascrizioni e soluzioni

- Torta al testo?
- È simile alla piadina o alla focaccia, ma è tipica qui a Perugia. La provi, è un piatto che non trova così buono da altre parti...
- Sì, grazie, ma oggi preferirei di no. Prenderei invece un'insalata...
- Solo un'insalata?
- Beh, no. Dopo prenderei altro.
- Ah... vede... lei è liberissima, ma... l'insalata è il piatto con cui terminiamo il pasto, dopo si mangia solo il dolce! Comunque, se lei vuole prima l'insalata...
- In effetti, sì, grazie: da noi è normale prima. La porti subito, per favore.
- Certo! Subito un'insalata! Ha già qualche idea per il resto?
- Sì, vorrei provare gli strangozzi, di cui ho tanto sentito parlare. Prendo anche un assaggio di arrosto di maiale e verdure in padella. Può portare tutto subito, li mangio insieme.
- Tutto insieme?! Come un piatto unico?! Lei è liberissima, ma questo in Italia proprio non si usa! Ci abbiamo messo millenni a raggiungere l'arte a tavola e lei me la distrugge in pochi minuti? Da noi i cibi non si mescolano, sono separati e in ordine... è come una sinfonia! Il piatto con cui si inizia è l'antipasto, poi un primo, un secondo, verdura, frutta dolce e caffè.
- Ma io non posso mangiare tutto questo! E non ho tempo di aspettare!
- Stia tranquilla: non le faccio perdere tempo. Se mi permette, le porto prima gli strangozzi, da soli e lei li gusta con calma. Poi le porto immediatamente dopo la carne e le verdure.
- Insomma, devo fare come dice lei!
- Si ricorda il proverbio di prima? Paese che vai, usanze che trovi...
- E va bene... faccio come dice lei... siamo in Italia!
- Eccellente! È una decisione di cui non si pentirà! Glielo posso assicurare.
- Senta... ora devo proprio farle una domanda: ma lei a casa mangia sempre tutte le portate, in ordine, tutti i giorni?
- Ma no, a casa si può fare tutto! Io la sera, a cena, mangio spesso un solo piatto, magari un'insalata con il tonno o una caprese. Ma qui siamo in un ristorante! C'è un rito da rispettare e ci sono regole a cui non si può dire di no.
- Scusi, ma lei fa così con tutti i clienti?
- No, solo con le belle signore!
- E già... Paese che vai, usanza che trovi!

2c 1 cui - menù, 2 chi - beve il vino / che - ghiaccio, 3 che - piatto, 4 cui - piatto, 5 cui - strangozzi, 6 cui - piatto, 7 cui - decisione, 8 cui - regole.

2d Paese **che** vai, usanze che trovi: il pronome **che** è usato in modo scorretto; è corretto usare **cui**. "Paese **in cui** vai, usanze che trovi". Cui, infatti, si usa per persona, animale o cosa in funzione di complemento indiretto con preposizione.

3a 1 L, 2 G, 3 D, 4 H, 5 E, 6 C, 7 A, 8 F, 9 B, 10 I – A con chi, B per cui, C che, D di chi, E chi, F chi, G a chi, H che, I chi, L che.

5a 1 Vero, 2 Falso, 4 Vero, 4 Falso.

5b 1 zuppa calda medievale, 2 polenta, 3 puls.

5c 1 C, 2 A, 3 B.

5d 1 – 3 – 5.

5e 1 pane secco, pesce, 2 pane secco, patate, verdure, 3 patate, 4 melanzane, 5 patate, riso, 6 aglio.

6a 1 C, 2 F, 3 D, 4 H, 5 A, 6 B, 7 G, 8 E. (Ordine cronologico della ricetta: 3 - 7 - 5 - 4 - 1 - 8 - 2 - 6).

7 1 Campania, 2 ortaggi, 3 definizione, 4 dialettale, 5 buonissima, 6 leggero.

Percorso 10

2a

- Roberta, senti, hai da fare oggi pomeriggio?
- Devo finire i compiti, ma non sono molti, perché?
- Niente, ho bisogno di una mano. Vorrei cominciare a preparare qualcosa per il pranzo di domenica a casa della nonna... poi all'ultimo minuto ci sono un sacco di cose da fare e bisogna sempre correre come pazzi!
- Che vorresti fare?
- Mah, prima di tutto penso che sia importante decorare le uova. Ne possiamo fare una ventina: diciamo due a testa. Quindi prima le dobbiamo far bollire, poi prendiamo i colori...
- Va bene, ti aiuto... c'è altro?
- Volevo anche preparare una ciambella pasquale, quelle che piacciono tanto al papà. Quelle del supermercato non sono male, ma fatta in casa è tutta un'altra cosa. Magari mi puoi dare una mano con l'impasto.
- D'accordo... Senti, mamma, a proposito di domenica, ti volevo dire una cosa... i genitori di Laura hanno deciso di portarla al Parco della Magia: è quello nuovo, bellissimo! E Laura mi ha detto se voglio andare anch'io con loro.
- Ma stai scherzando?! Il giorno di Pasqua?!
- Laura ha detto che possiamo partire subito dopo la messa e poi torniamo per le 8 di sera.
- E quindi non vuoi venire a pranzo con noi dalla nonna?! Non credo proprio che sia una buona idea!
- Però non è giusto che la mia amica possa andare sempre dove le pare e noi dobbiamo stare sempre a casa con la nonna!
- Calma, signorina! La Pasqua è una festa importante, lo sai che la nonna ci tiene tanto a stare tutti insieme in queste occasioni! È importante che ogni tanto la famiglia si riunisca!
- Lo so, a me piace andare dalla nonna... però il pranzo non finisce mai, stiamo a tavola per quattro ore, io mi stanco!

Trascrizioni e soluzioni

- *Ma con tutte le cose buonissime che prepariamo, come fai a stancarti? Gli antipasti sfiziosi, le lasagne fatte a mano, l'agnello fritto che prepara tua zia...*
- *A me l'agnello non piace. E poi si mangia troppo, sembra quasi che ci sia una gara per chi ingrassa di più! E poi, come sempre, lo zio Carlo ed il nonno iniziano a parlare di politica e non la smettono più! Che noia!*
- *Beh, in effetti qualche volta esagerano. Però lo zio lo scorso anno ti ha regalato quell'uovo di Pasqua gigante, non ti ricordi? È possibile che te ne porti un altro!*
- *Mamma, io ho 14 anni, dentro quell'uovo di Pasqua c'era una bambolina adatta per una bambina di 5 anni! Mi pare che io ormai sia cresciuta per queste cose!*
- *Mmm, ormai ho paura che neanche la cioccolata riesca a tenerti a casa...*
- *Allora, mamma, che dici, posso andarci?*
- *Senti, facciamo così: la mattina facciamo una ricca colazione, con le uova e tutto il resto, secondo la tradizione. Andiamo in chiesa e poi tutti dalla nonna. Cerchiamo di mangiare meno, poi andiamo al Parco della Magia anche noi. Puoi incontrare Laura un po' più tardi, ma fate comunque in tempo a divertirvi, il parco non è così lontano...*
- *E va bene, se proprio non posso fare altro... però il proverbio dice "Natale con i tuoi, Pasqua con chi vuoi".*
- *Io ne ho inventato un altro di proverbio, che dice "Natale con i tuoi... e Pasqua anche"... mi pare che sia molto più bello. Che ne dici?*
- *Va bene mamma, mi piacciono i tuoi proverbi, anche se non fanno rima...*

Soluzione: La famiglia di Roberta fa una ricca colazione, va alla messa, va a pranzo dalla nonna, porta le uova decorate e la ciambella pasquale, apre l'uovo di Pasqua, mangia molto, discute di politica.

2b 1 penso che sia importante decorare le uova. 2 non credo proprio che sia una buona idea! 3 non è giusto che la mia amica possa andare sempre dove le pare, 4 è importante che ogni tanto la famiglia si riunisca! 5 sembra quasi che ci sia una gara, 6 è possibile che te ne porti un altro! 7 mi pare che io ormai sia cresciuta, 8 ho paura che neanche la cioccolata riesca. Uso del congiuntivo al posto dell'indicativo: in genere il congiuntivo si usa nelle frasi dipendenti (o subordinate) per esprimere parere personale, incertezza, dubbi, volontà ecc. Si usa anche quando i verbi della principale e della dipendente sono diversi.

3 siano – crea – si accumulino – siano – lavorano – vi fermiate – vi sentiate – abbiate.

7a Cosa si fa a tavola: si mangia e si parla; Durata del pasto: più lungo; Quantità di cibo: più abbondante; Alla fine del pasto: un brindisi con lo spumante.

7b 1 Carnevale, 2 Ferragosto, 3 Pasqua, 4 Epifania.

7c 1 Ferragosto, 2 Pasqua, 3 Carnevale, 4 Epifania, 5 Epifania, 6 Pasqua.

7d 1 pane dei morti, 2 panforte, 3 torrone, 4 fave dei morti, 5 cappone, 6 pandoro, 7 castagne (caldarroste), 8 panettone.

7e 1 Vero, 2 Falso, 3 Falso, 4 Vero, 5 Vero, 6 Falso, 7 Vero, 8 Vero, 9 Falso, 10 Vero.

8a 1 sciogliere, 2 cuocere, 3 mortadella, 4 ciotola, 5 parmigiano reggiano, 6 palla, 7 le uova, 8 forchetta, 9 avvolgetela, 10 un'ora, 11 mattarello, 12 quattro, 13 ripieno, 14 pasta, 15 unite.

9 1 Falso (circa 20), 2 Vero, 3 Vero, 4 Falso (di Bologna), 5 Vero.

10 Tortellini in brodo: tortellini, carne, ossi, sedano, sale, lavate, bollire, cuocete. Tortellini al ragù: tortellini, carne, ossi, sedano, sale, lavate, bollire, cuocete.

11 3, 2, 1, 4.

12 1 È una befana! (essere una donna brutta e anziana), 2 Sembri un albero di Natale! (essere coperti di accessori e decorazioni), 3 ... hanno fatto la festa (rovinare o danneggiare la carriera/il lavoro di una persona), 4 ... è durato da Natale a Santo Stefano (durare pochissimo tempo), 5 ... è felice come una Pasqua (essere molto felice/contento).

Elenco tracce audio

Numero traccia	Percorso	Argomento	Pagine
1	1	Intervista alla dottoressa Paola Marini	9
2	1	Come si apparecchia la tavola?	10
3	2	In treno verso Venezia	14-15
4	3	La pasta, la nonna Pina e Pinocchio	23
5	4	Ospiti a cena	30-31
6	5	Venite gente, venite!	38-39
7	6	Un dolce San Valentino	47
8	7	In pizzeria	54-55
9	8	In giro per Genova	62
10	9	Paese che vai, usanze che trovi	71
11	10	Natale con i tuoi, Pasqua con chi vuoi	79